R & B

ALEXA HENNIG VON LANGE

ICH BIN'S

ROMAN

ROGNER & BERNHARD
BEI ZWEITAUSENDEINS

1. Auflage, Januar 2000.
2. Auflage, März 2000.

ISBN 3-8077-0202-4

Lektorat: Ralf Kessenich, Eutin,
Anna-Catharina Gebbers, Hamburg.
Umschlaggestaltung: Britta Lembke, Hamburg.
Umschlagfotos: Christoph Klenzendorf, Berlin.
Herstellung: Eberhard Delius, Berlin.
Satz: Offizin Götz Gorissen, Berlin.
Schrift: Quadriga Antiqua.
Druck: Gutmann + Co, Talheim.
Einband: G. Lachenmaier, Reutlingen.
Printed in Germany.

Dieses Buch gibt es nur bei Zweitausendeins im Versand, Postfach, D-60381 Frankfurt am Main, Telefon 069-420 8000 oder 01805-23 2001, Fax 069-415 003 oder 01805-24 2001.
Internet www.zweitausendeins.de, E-Mail info@zweitausendeins.de.
Oder in den Zweitausendeins-Läden in Berlin, Düsseldorf, Essen, Frankfurt, Freiburg, 2 x in Hamburg, in Hannover, Köln, Mannheim, München, Nürnberg, Saarbrücken, Stuttgart.

In der Schweiz über buch 2000
Postfach 89, CH-8910 Affoltern

Für Andreas, Christoph
und Leusie

1

Heute ist ein sehr guter Tag. Ich habe nämlich eine Mission zu erfüllen. Die warten bestimmt schon alle auf mich. »Wo bleibt bloß Lars?« Keine Angst, meine lieben Freunde, ich bin gleich bei euch. Nur noch ein paar Meter. Endlich sind sie eingetroffen, meine heißersehnten, brandneuen Nike Airmax. Welche Wonne! Ich ziehe die gleich im Laden an und packe meine alten in die Tüte. Das wird ein Fest. »Liebe Airmax-Treter, heute machen wir uns einen schönen Tag und gehen ein Eis essen!« »Super, Papi!«

Drüben auf der anderen Straßenseite blitzt schon Nike Town in der Sonne. Mein Tempel. Meine lieben Schühchen, ich komme. Hilfe! Volle Pulle Rückwärtsgang einlegen. Um ein Haar hätte mich diese Schnarchnase im weißen Renault platt gemacht. Jetzt habe ich aber einen Pulsschlag von über hundertachzig. Erst mal an der Laterne abstützen und den Schweiß von der Stirn wischen. Da brauchen die Leute gar nicht so blöde zu glotzen. Jeder übersieht mal eine rote Ampel, wenn er in Eile ist. Das war eben richtig knapp. Gerade noch rechtzeitig auf den Bürgersteig zurück gesprungen. Ich hätte da zermatscht auf dem grauen Asphalt liegen können, du Arsch. Mit zersplitterten Knochen und einer Reifenspur auf dem Rücken. »Das war's, mein Junge!« Die verpennten Sanitäter beugen sich über meinen aufgeplatzten Körper. Ihre Augen sind ekelerfüllt. Alles klar, für mich gibt es keine Hoffnung. Besser, ich grapsche sofort nach der Hand vom Notarzt und flüstere mit letzter Kraft: »Kümmert euch um meine Nike Airmax!« Dann Augen zu und Herzstillstand. Jetzt habt ihr richtig was zu gucken, Leute! Ich bin tot. Mausetot. Da könnt ihr euch gleich reihenweise hinter der nächsten Mülltonne übergeben. Diesen widerlichen Anblick vergesst ihr euren Lebtag nicht. Tut mir bitte nur noch diesen einen Gefallen: Sagt meinen Freunden von Nike Town Bescheid! »Es tut uns leid, Ihnen mitteilen zu müssen, dass Ihr Stammkunde Lars vor Ihrer Tür von einem weißen Renault überfahren worden ist!« Bei Nike Town kriegen die garantiert die Klappe nicht mehr zu. »Was? Was ist passiert?« »Ihr Stammkunde Lars ist tot!« »O mein Gott!« »Wenn Sie ihm also die letzte Ehre erweisen wollen!« »O ja, natürlich. Er war so ein guter Kunde. Wir werden ihm zum Abschied die bestellten Nike Airmax schenken!«

Jetzt kommt kein Auto mehr. Rüber über die Straße und rein zu Nike Town. Herrlich, wie das hier nach frischem Gummi duftet. Da kommt ja schon mein Freund, der Verkäufer. »Hallo, ich wollte meine Airmax abholen, die ihr für mich zurückgelegt habt!« Mein Freund, der Verkäufer, geht nach hinten. Und kommt wieder auf mich zu. »O je!« Ich wittere Unheil. »Was ist denn?« »Ich glaube, die haben wir aus Versehen verkauft!« »Was?« Das darf doch wohl nicht wahr sein. Meine Freunde haben meine Nike Airmax verkauft. Aus Versehen. Mir wird schwindelig. Mir wird schwarz vor Augen. Ich muss mich kurz mal hinsetzen. Was mache ich denn jetzt? Auf alle Fälle ruhig bleiben. »Habt ihr nicht noch ein Paar in meiner Größe da?« »Nein, das waren die letzten!« Ich fasse es nicht. Wozu, um alles in der Welt, lasse ich mir von diesen Idioten ein Paar zurücklegen, wenn die das dann trotzdem an den nächstbesten Affenarsch verscherbeln? Leute, ich bin euer bester Kunde, das könnt ihr mir nicht antun. »Tut uns leid, Lars!«

Ich glaube, ich sterbe. Alles war umsonst. Meine Kindheit. Meine Jugend. Meine ersten leuchtend blauen Puma-Turnschuhe, mein silbernes Bonanza-Fahrrad, mein orangenes Kiss me!-T-Shirt. Vorbei die Zeit, als noch jeder Tag ein Geschenk war. Schämt euch! Ich habe mir vorhin extra das schwarze T-Shirt angezogen, damit das in Einklang mit meinen neuen Airmax steht. Meine kleinen geliebten Airmax halten fremde Arschloch-Füße warm. Das waren meine Schuhe! Die hatte ich zurücklegen lassen. Vorhin war ich so gut gelaunt und hoffnungsvoll. Aber jetzt bin ich einfach nur noch schockiert. Diesen Turnschuhausgleich hätte ich so gut gebrauchen können.

Dann wollen wir mal traurig nach Hause trotten. Den ganzen Scheißweg bin ich umsonst mit der U-Bahn hergefahren. Zum Glück habe ich kein Taxi genommen. Das hätte mich glatt dreißig Mark gekostet. Zur Strafe kriegen die Penner heute keine Mark von mir. Die hocken da auf der Treppe zur U-Bahn rum und strecken gierig ihre Pfoten aus. Gleich setze ich mich dazu und unterhalte mich mit denen. »Geht's euch auch so schlecht wie mir?« Ohne neue Turnschuhe will ich echt nicht nach Hause. Da wartet meine Freundin Mia auf mich und will Liebe. »Los, Lars, hab mich lieb!« Das kann die abhaken. Ich habe keine Kraft mehr. Das letzte Fitzelchen Energie haben mir die Leute von Nike Town genommen. Und ich war so heiß auf diese wunderschönen Airmax. Ich hätte mich vorhin von dem Auto überfahren lassen sollen. Dann wäre ich mit der Illusion von diesen berauschenden Airmax und einem Haufen Liebe im Leib in den Himmel gefahren. Von lauter silbernen Glittersternchen und gleißenden Paradiesstrahlen begleitet, wäre ich glücklich nach oben gesaust. »Hallo, ihr süßen Engelchen, der liebe Lars kommt zu euch!« Dann hätte ich mich mit den kleinen Flattermädels auf eine Wolke hocken und auf Mia runterspucken können. Der Penner auf den Stufen hat voll die billigen Turnschuhe an. Dem geht es mindestens genauso schlecht wie mir.

Dann wollen wir mal wieder in die U-Bahn steigen. Vielleicht hätte ich mit dem Penner echt mal ein paar Worte wechseln sollen. Zu spät. Ich glotze in das Dunkel der Scheiben, schalte ab und lasse mich in Richtung Heimat chauffieren.

Vorletzte Station aussteigen, die Straße bis zum Sexy

1

Stretch runterlatschen, klingeln und warten. Was soll denn jetzt diese Nummer? Ist mein Bruder nicht da, oder was? Der ist doch sonst immer in seinem Club, schließlich ist er der Chef. Ich mag keine Clubs. Ist mir immer zu laut da drinnen. Tagsüber geht es. Da ist ja noch nichts los. Nur die paar Gehilfen von mon frère hampeln dort rum. Der Koch, der Assistent vom Koch und Helpless-Mario. Helpless-Mario ist auch eine ganz krasse Erscheinung. Hoffentlich macht der mir nicht die Tür auf. Die Fratze könnte mir unter Umständen den Rest geben. Anscheinend will mir niemand die Pforte öffnen. Dann schlurfe ich eben durch die Hofeinfahrt. Geht ja auch. Muss ich wenigstens mit niemandem reden. Jetzt nur noch über den Hof ins Hinterhaus und in den fünften Stock hochkraxeln. Da wohne ich. Und Mia inzwischen auch. Tief durchatmen und Tür aufschließen. »Mia, bist du da?« Keine Antwort. »Mia?« Gute Nachricht, Leute, die Tante ist ausgeflogen. Da verzieht sich gleich der dichte Nebel aus meinem Kopf. Auf meinem unbehandelten Holztisch im Wohnzimmer liegt ein Briefchen von ihr. »Bin beim Workout! Ich liebe dich! deine Mimi-Mia!«

2

Im Vorderhaus, dritter Stock, taucht wieder dieses Mädchen hinter den Vorhängen auf. Da hocke ich mich doch einfach mal auf meinen roten Klappstuhl und glotze ein bisschen rüber. »Los, Baby, streichel meine geschundene Seele. Oder massier mir die Füße!« Die Freaks von Nike Town können froh sein, dass ich so ein friedliebender Mensch bin, sonst hätte ich denen heute auf der Stelle die Bude in die Luft gesprengt. Am besten, ich denke nicht mehr über die Misere nach, sondern konzentriere mich auf meine süße Nachbarin aus der dritten Etage. Wie goldig! Jetzt pflanzt sie sich auf ihr kuscheliges Mädchenlager und lackiert sich die Fußnägelchen. Richtig herzig! Ganz vertieft ist die Kleine. »Hey, Baby, komm her und knie dich vor mir nieder!« Meine Herren, das wäre jetzt zauberhaft. Eine heilende Fußmassage für meine verwaisten Füße. »Ist es so gut, mein lieber Lars?« »Ja, ja, ja, aah! Du machst das ganz prima!«

Ach, nee! Muss das sein? Es ist immer das Gleiche. Wenn man gerade dabei ist, sich ein bisschen zu entspannen, taucht mein Bruder im Hinterhof auf und fängt an, seinen hässlichen Kollegen Mario fertigzumachen. »Du beschissener Loser! Lässt du dir deinen Schwanz von deiner Mami lutschen, oder was ist mit dir los?« Ich kann ganz genau sehen, wie Mario seine dünnen Mädchenarme hilflos hochhebt. Mario ist ein Schwachmat. Der lässt sich einfach alles von meinem Bruder gefallen, und mein Arschloch-Bruder nutzt das konsequent aus. Seinen ganzen Frust lässt der an Helpless-Mario aus. Solche brutalen Psychospiele kann ich ganz schlecht ertragen. Ich kriege dann richtig heftigen Schweißausbruch. Feuchte, kalte Pfoten, und der Magen dreht sich mir auch gleich noch um. Sowieso ist mein Magen ein bisschen empfindlich. Deshalb rauche ich ja auch nicht. Das greift nur unnötig die Magenschleimhäute an. Dieses Gekreische da unten macht mich total wahnsinnig.

Hier muss was unternommen werden. Super-Goofi, jetzt bist du gefragt! Hurtig eine Zaubernuss eingeworfen und bei meinem Killer-Bruder auf dem Handy durchgeklingelt: »Los, komm hoch! Gegenüber fummelt sich gerade ein siebzehnjähriges Flittchen zwischen den Beinen rum!« »Ich kann jetzt nicht, du Idiot!« Meine Güte, der Typ schreit so laut, dass ich ihn auch ohne Telefon bestens verstehen kann. Der hat echt überhaupt keine Selbstkontrolle. In so einem Fall ist es am ratsamsten, ruhig zu bleiben. Vielleicht kühlt das ein bisschen sein überhitztes Wesen. »Brüll bitte nicht so, sonst hört die Tante noch auf, an ihrer Muschi rumzumachen!« Sekunde, was ist denn da drüben los? Das Zuckermädel kniet inzwischen auf ihrem Teppich vor dem Bett und scheuert mit so einem kleinen Läppchen wie wild die Flusen. Keine Ahnung, was da vorgefallen ist. »Ich komme jetzt doch hoch! Oder ist die Tante schon fertig?« Wusste ich es doch! »Nein, aber beeil dich!« »Okay!« Jetzt hat es mein Bruder plötzlich eilig. Er lässt Mario einfach unten stehen und wetzt vollgasmäßig über den Hof ins Hinterhaus rein. Nur noch fünf Stockwerke hoch, und gleich müsste es an meiner Tür klingeln. Na, wer sagt es denn?!

»Wo ist die Tante?« Dann wollen wir uns mal hinter den Vorhang klemmen und hübsch einen auf Observation machen. Das Zuckertäubchen hockt wieder auf der Bettkante und bemalt sich weiter konzentriert die Füßlein. Total süß. »Bist du blind? Die Tante lackiert sich die Latschen!« Mein Bruder kann anscheinend nur rumbrüllen. »Man sieht immer nur das, was man sehen will!« »Ich lasse mich nicht von dir verarschen, du Fotzenarsch!« Mon frère ist richtig am Abdrehen. Der tritt knallhart gegen meinen roten Klappstuhl. Das muss doch echt nicht sein. Der Typ hat absolut keine Manieren. »He, gib meine Airmax wieder her!« Mein Bruder kann doch nicht einfach meine Treter aus dem Fenster schleudern. »Halt die Schnauze, Lars!« Auf ihn mit Gebrüll! »Gib her!« Na, also! Richtig Angst hat mein Bruder gekriegt. »Lars, du bist echt erbärmlich!« Selber. Ich finde, so eine fiese Behandlung habe ich wirklich nicht verdient. Schließlich meine ich es ja nur gut mit ihm.

2

Sowieso meine ich es immer nur gut mit allen. Sogar mit meiner Freundin Mia. Wenn ich morgens aufwache, glotzt die mich schon so lüstern an, grabbelt an mir herum und will Liebe. Das ist echt anstrengend. Jedes Mal denke ich: »Du dumme Nuss! Hol dir woanders Liebe!« Ich muss Mia nur angucken und schon ist alles zu spät. Die Tante interessiert mich einfach null. Die ist irgendwie pornografisch und hat echt kein Benehmen. Ständig fummelt sie sich mit dem Finger im Mund rum, macht ihn tüchtig feucht und stopft ihn mir dann rein. Das ist voll unangenehm. Aber Mia findet, dass man solche süßen Rituale braucht. Der Tante ist es auch vollkommen egal, dass ich mich von ihr total vergewaltigt fühle. Das ignoriert die einfach. Darum muss ich dann auch immer sofort losgehen und mir ein neues Paar Nike Airmax holen. Ich will ja schließlich nicht meinen ganzen Frust an Tantchen auslassen. In meinem Flur stapeln sich schon zwanzig Paare, und es werden immer mehr. Ich wette, die Trottel bei Nike Town fragen sich schon heimlich, hinter vorgehaltener Hand: »Was will der Typ bloß mit all den Schuhen? Der hat doch auch nur zwei Füße!« Korrekt. Aber man braucht eben manchmal etwas, was einem Aufschwung gibt.

Mia ist ständig beleidigt und quengelt rum. »Du Arschloch! Du liebst mich ja überhaupt nicht!« Und das schon, wenn ich ganz freundlich sage: »Nimm bitte deine Griffel aus meinem Mund! Das ist eklig!« Die Tante kann einfach keine Kritik vertragen. Sie schreit dann das ganze Haus zusammen. Das muss doch echt nicht sein. »Ich hasse dich! Ich ziehe aus!« In mir glimmt dann ein Fünkchen Hoffnung auf. »Ja, mach doch!« denke ich. Aber jedes Mal volle Pulle Fehlanzeige. Die Tante wirft sich auf mich drauf, boxt mich überall hin und schreit immer wieder: »Arschloch!« und »Ich hasse dich! Ich bringe mich um!« Ich halte dann ihre Fäuste fest und sage ganz sanft: »Reg dich ab, Mia!« In so einem Moment ist es wichtig, Ruhe zu bewahren, damit die Geschichte noch einigermaßen moderat abläuft. Die Nachbarn müssen wirklich nicht alles mitbekommen. Mia ist die absolute Krönung unter Gottes missratenen Kreaturen. Und hat null Stil.

Nur Generve. Mich macht es schon rasend, wenn die Tante beim Pizzabringdienst anruft und den armen Italiener am anderen Ende vollabert: »Macht ihr viel Käse auf den Nudelauflauf? Weißt du, ich mag nicht so viel Käse auf dem Auflauf. Also, ich will echt nicht so viel Käse. Wenn da viel Käse drauf ist, muss ich immer kotzen, weil sich dann so dicke Klumpen hinten im Hals bilden, und dann denke ich, dass ich gleich ersticke! Und bitte ohne Schinken. Das ist bestimmt so komischer zusammengepresster Schinken. Nee, so was will ich nicht drin haben. Danke. Das ist lieb von euch. Tschaui!« Da möchte ich jedes Mal heulend auf meinen Airmax rauslaufen. Das mache ich natürlich nicht, weil ich einfach versuche, gelassen zu bleiben. Dauernd bekommt sie diese schrecklichen Kleinmädchen-Anwandlungen, spricht mit Piepse-Stimme und lutscht am Daumen. Ständig dieses Daumenlutschen. Das liegt bestimmt daran, dass sie ohne Vater aufwachsen musste.

Ab und zu droht sie sogar mit Selbstmord. So eine Geschichte hatten wir gerade neulich. Da stand sie plötzlich auf dem Fensterbrett und hat geschrien: »Ich springe runter!« Ich habe mich daneben gehockt und überlegt, wie es wäre, wenn Mia mit verdrehten Armen und Beinen da unten liegt. Ich habe gedacht, ich lasse mir mal lange Zeit, bis ich zum Telefon gehe, gemütlich die Notrufnummer wähle und sage: »Hier ist eine Frau aus dem fünften Stock gefallen! Ich glaube, sie ist verletzt!« Irgendwann ist Mia dann wieder von ihrem Fensterbrett runtergeklettert und hat sich mit einem »Entschuldige, entschuldige, entschuldige! Ich liebe dich! Ich liebe dich!« an meinen Hals gehängt. Total albern. In solchen Momenten gebe ich ihr dann einen Kuss. »Ich liebe dich auch!« Heimlich denke ich: »Warum ist sie denn bloß nicht gesprungen? Warum erlöst mich denn keiner?« Am nächsten Tag liegt dann auf meinem Tisch im Wohnzimmer so ein Porno-Urlaubsfoto von ihr, damit ich nicht vergesse, wie knackig sie doch eigentlich ist. Mag ja alles sein, aber da sind ja auch noch ihre Haare. Ganz wenig Flusen hat sie auf dem Kopf, weil sie sich die ständig blondiert. Wenn ihre Haare ungeschickt liegen, sieht man ihre rosa Kopfhaut. Diesen Anblick von rosa Kopfhaut kann ich ganz schwer ertragen. Darum gehe ich dann mit meinen Fingern dran und ziehe das Loch zu. »Lass meine Haare in Ruhe, du Idiot!« »Ich wollte doch nur das Loch zumachen!« »Ich habe keine Löcher auf dem Kopf!« »Man hat aber eben deine Kopfhaut gesehen!« »Arschloch!« Und am nächsten Tag liegt wieder eins von ihren Billig-Helmut-Newtons auf dem Tisch. Ich habe schon ganz viele von der Sorte. Am Türrahmen mit angewinkeltem Bein, breitbeinig im Liegestuhl, nackt auf dem Bett und so weiter. Eben die ganzen Posen durch. Auf dem einen sitzt sie mit nackten braun gebrannten Beinen und roten Stilettos auf einem Klo in Spanien. Als das Foto vor einer Woche auf meinem Tisch lag, habe ich bei meinem Bruder durchgeklingelt und gefragt, ob er wissen will, wie Mia aussieht, wenn sie auf dem Klo hockt. Mein Bruder hat gesagt: »Du Schwein!« und ist rübergekommen.

Vor vier Jahren hat mein Bruder mit seinem Penner-Kollegen Mario im Vorderhaus diesen Sexy Stretch-Club aufgemacht. Jede Woche findet da irgendeine abgedrehte Performance statt. Leute, die sich Teelöffel bis zum Anschlag in die Nasenlöcher stecken. Typen, die ihre selbstverfassten Gedichte vortragen. Oder Tanten, die halbnackt auf den Tischen rumhampeln. Da unten ist immer was los. Es ist zwar nicht so ganz mein Geschmack, aber ein Haufen anderer Leute fährt voll drauf ab. Jedenfalls mache ich Fotos für die Ankündigung dieser Performances, und Helpless-Mario macht daraus Flyer. Ich habe dabei die absolute Freiheit. Wenn ich meine, dass eine Rutsche das richtige Motiv ist, dann fotografiere ich eine Rutsche. Das Bild gebe ich dann Mario, und der flippt absolut aus, weil er nicht kapiert, warum ich eine Rutsche fotografiere, wenn es sich bei der anzukündigenden Performance um einen Vortrag über Hubschrauberersatzteile handelt. Dann sage ich: »Hast du eine bessere Idee?« und mein Bruder sagt: »Halt die Fresse, Mario! Das Foto ist super!« Da bleibt Mario nichts anderes übrig, als hurtig im Keller vom Sexy Stretch zu verschwinden und einen schönen Flyer mit einer schönen Rutsche vorne drauf zu gestalten. Das interessiert hier keinen, was der Doofmann zu sagen hat. Denn bis jetzt war der Laden immer rappelvoll.

Mein Blick in die Wohnung vom Schnuckelmäuschen ist ideal. Alle wichtigen Zimmer sind gut einzusehen. Schlafzimmer, Badezimmer. Alles ohne Perlon-Gardinen. Aber die hat ja sowieso keiner mehr. Sweet-Baby tänzelt rüber in ihr kleines Mädchenbadezimmer und sprüht sich ordentlich mit Parfüm ein. Na, dann viel Erfolg, Lady. Jetzt rupft sie sich ein frisches Unterhöschen vom Wäscheständer und verschwindet hinter der Wand. »He, Baby, so haben wir nicht gewettet!«

Mia trägt grundsätzlich keine Unterhosen. »Weil die sich so hässlich abzeichnen!« Nicht mal diese komischen Stringtangas will sie benutzen. »Weil die in der Porille kneifen!« Eigentlich ist mir das egal. Aber manchmal stresst es mich auch. Besonders im Sommer, wenn sie sich wieder in ihre kleinen Kleidchen zwängt und sich ins nächste Café hockt oder einfach nur U-Bahn fährt.

2

Dann macht sie immer einen auf Sharon Stone, und ich sage: »Mia, ich finde das billig!« und Mia sagt: »Du bist doch bloß eifersüchtig!« »Quatsch!« sage ich, »das hat wirklich nichts mit Eifersucht zu tun. Ich möchte bloß nicht der Freund von der Tante sein, die jedem die Muschi vor die Nase hält!« Mia: »Dann mach doch Schluss!«

Die Tante schnallt überhaupt nicht den Punkt. Aber sie weiß ja auch nicht, dass mich schon ein paar Leute auf ihre Unterhosen-Abstinenz angesprochen haben. Letzte Woche zum Beispiel war mein alter Kumpel Sven hier bei mir. Wir haben so ein bisschen gemütlich am Tisch gesessen und einen Kaffee getrunken. Da kam Mia plötzlich in ihrem roten Stofffetzen rein und hat sich total ungeniert vor Svenni auf die Tischplatte gehockt. »Ich sag euch, Jungs, Workout ist echt das beste, was man für sich tun kann!« Mia latscht nämlich seit neuestem zum Workout. Jeden Tag. »Ich hab echt keinen Bock auf so einen schwabbeligen Arsch!« Mir ist das ganz recht. Dann bin ich die Tante wenigstens für ein paar Stunden los. Ansonsten verlässt sie ja nie die Wohnung. Freundinnen hat Mia auch keine. »Irgendwie mögen mich die anderen Frauen nicht!« Kein Wunder, wenn man sich halbnackt auf Tischkanten pflanzt, oder? »Ich glaube, die sind irgendwie eifersüchtig auf mich!« Egal! Jedenfalls hat sich Mia vor Svennis Nase so ein bisschen lasziv hin und her geräkelt, und der musste volle Kanne schlucken. Dann hat Mia gesagt: »Ich muss mal was trinken, ich bin ja immer noch sooo am Schwitzen!«

und ist in die Küche abgewandert. Sven hat sich zu mir rübergebeugt und geheimagentenmäßig geraunt: »He, deine Tante hat keine Unterhose an. Ist das Absicht?«

Mein Bruder kann Mia überhaupt nicht leiden. Der sagt immer: »Die Trine hat wirklich nicht alle Tassen im Schrank! Mach doch mal Schluss mit der!« Mein Bruder ist da knallhart. Wenn ihn jemand nervt, wird der sofort zu Kleinholz verarbeitet und in die nächste Tonne getreten. Ich kann so was nicht. Ist doch nicht schön für den anderen, oder?

Das Nagellackmädchen taucht jetzt unten im Hinterhof auf und latscht zum Fahrradständer, direkt unter meinem Fenster. Ich beuge mich mal ein bisschen vor, dann kann ich sie besser beobachten. Es ist genau wie bei Mia. Oben auf ihrem Kopf ist die Blondierung rausgewachsen, weil sie nicht schnell genug nachblondiert hat. Total eklig. Das Mädchen blinzelt ganz kurz zu mir hoch. »Hey, Baby!« könnte ich jetzt sagen. Dann schließt sie ihr Fahrradschloss auf. Sie hat so eine hässliche, cremefarbene Puffhose an. Wahrscheinlich fährt sie nur kurz zum Bäcker und hat sich gedacht: »Da schlüpfe ich mal eben in meine geschmacklose Puffhose!« Damit schwingt sie sich auf ihren Sattel, und ich kann die Ränder ihrer Unterhose am Hintern erkennen. Genau davor hat Mia Angst, und ich muss sagen, so toll sieht das wirklich nicht aus. Da hat Tantchen ausnahmsweise mal recht.

Mit meinen Eltern und meinem Bruder habe ich in

einer Sackgasse gewohnt. Die hieß »Im Texas«. Das war so eine schmale grau asphaltierte Straße mit rundem Wendeplatz am Ende. Wie ein altes, mit Quecksilber gefülltes Thermometer hat das von oben ausgesehen. Da bin ich mit meinem Bonanza-Fahrrad rumgeheizt und habe mit den anderen Jungs Kunststücke probiert. Freihändig fahren und auf dem Hinterrad balancieren. Meine beste Freundin Ingrid stand mit den anderen Mädels in einer Reihe auf dem Bürgersteig und hat uns zugesehen. Bis die Sonne hinterm Texas unterging. Meistens hatte ich ein oranges T-Shirt an, auf dem Kiss me! stand. Das hatte mir mein Vater aus einem Copy-Shop mitgebracht, bei dem er Stammkunde war. Unter der Schrift waren schwarze dicke Lippen aufgedruckt. Gegen Abend war mein T-Shirt durchgeschwitzt und das feuchte Orange hatte die gleiche Farbe wie der Sonnenuntergang hinterm Wendekreis. Mein T-Shirt, ich und der Sonnenuntergang.

Einmal habe ich Ingrid, vom Straßenrand weg, hinten auf meinem Zweisitzersattel mitgenommen. Und als sie raufgeklettert ist, hat sie »Kiss me!« gesagt. Ich habe meinen einen Mundwinkel ganz cool nach oben gezogen, und dann sind wir losgefahren. Ich habe voll in die Pedale getreten, und es ging ab nach Hause, mit wehendem Fuchsschwanz. Ingrids nackte Beine klebten am Kunstledersattel fest, und aus dem Augenwinkel habe ich die flatternden rosa Rüschen von ihrem Rock gesehen. Den Rock fand ich doof, aber ihre Knie waren schön und ihre Strümpfe auch. Es waren weiße Löcherstrümpfe mit eingehäkelten Löchern. Zu Hause habe ich mein Boni-Rad gegen unseren Jägerzaun gelehnt, Ingrid und ich sind drübergestiegen und hinter das Haus gegangen. Da hockte meine Mutter mit einem Handtuch um den Kopf und einer Zigarette in der Hand auf ihrem dicken, weißen Plastikliegestuhl. Wie jeden Abend hat mein Vater eine Hand voll Würstchen auf den Grill geworfen und mit voller Kraft auf den Blasebalg getreten. In der Mitte des Rasens hatten wir einen runden, blauen Swimmingpool.

Ingrid und ich sind runter in den Keller gegangen und haben uns ein Capri aus der Kühltruhe geholt. Als wir das Papier vom klebrigen Eis gepult hatten, kam mein Bruder gerade von einer Geburtstagsparty nach Hause. Durch das Belüftungsgitter haben wir gehört, wie meine Mutter meinen Bruder gefragt hat, wie der Geburtstag war. »Scheiße!« hat er gesagt. »Wir haben keine Gewinne gekriegt!« Mit dem Capri sind wir rüber zum Hobbykeller, wo mein Vater ein paar alte Matratzen auf den Boden gelegt hatte. An den Wänden hingen Kim Wilde-, Adam Ant-, Kiss- und Tina Turner-Poster aus der Bravo. Die hatte mein Bruder da aufgehängt. Wir haben uns unter das Kim Wilde-Poster auf die Matratze gesetzt und gegen die Holzvertäfelung gelehnt. Ingrid hat riesige Stücke von ihrem Capri abgebissen und mit den Beinen gezappelt. Ihre bleichen langen Beine sahen wie Streichhölzer aus. Besonders, weil sie rote Sandalen anhatte. Ihre Strümpfe waren runtergerutscht, und innen an ihrem linken Knöchel war Haut abgeschürft. Damit war sie gegen meine Speichen gekommen.

Dann sind Ingrids Lippen plötzlich am Capri festgefroren. Ingrid hat mächtig am Stiel gezogen, und ihre Lippen haben angefangen zu bluten und sind trotzdem sofort wieder festgefroren. Total panisch sind wir zu meinen Eltern auf die Terrasse gestürmt, und mein Bruder hat voll fies gelacht, als er Ingrid mit dem Eis zwischen den Kiemen gesehen hat. Meine Mutter ist mit Ingrid ins Bad abgehauen, und ich habe schon mal eine Wurst gegessen. Dann kam meine Mutter mit Ingrid wieder, und ihre Lippen waren ganz rot. Auf meinem T-Shirt stand »Kiss me!«, und da hat Ingrid draufgeguckt, weil mein Bruder immer noch voll höhnisch gelacht hat. »Ingrid, willst du auch eine Wurst?« hat meine Mutter gefragt. Aber Ingrid hat den Kopf geschüttelt, und wir sind ganz schnell wieder in Richtung Kellertreppe gelaufen, weil mein Bruder so rumgenervt hat. Leider ist er hinter uns hergekommen und hat immerzu Ingrids Rüschenrock hochgetreten und total hysterisch geschrien: »Rüschen! Hat dein Schlüpfer Rüschen? Rüschen, Rüschen, Rüschen?« Da hat ihm Ingrid knallhart ein Bein gestellt, und mein Bruder ist zehn Treppenstufen runtergebrettert. Bis zum Heizungskeller, da ist er liegen geblieben und hat aus dem Mund geblutet. Ingrid hat »Kiss me!« gesagt und ist ganz schnell weggelaufen. Das war ihre Rache. Danach ist Ingrid nie wieder bei uns zu Hause aufgetaucht. Trotzdem sind wir beide weiter auf meinem Boni-Rad rumgeheizt. Wie gehabt, ich vorne und Ingrid hinten. Nur sind wir nicht mehr die Sackgasse rauf und runter gedüst, weil Ingrid Panik hatte, meinem Bruder zu begegnen. Stattdessen sind wir in den Wald zur Todesbahn gefahren. Das waren mehrere tiefe Gräben, die steil bergab gingen. Ingrid und ich sind da im Sturzflug runter gerast. Das war schön!

Einmal habe ich nachts einen sentimentalen Anfall bekommen und Mia ein paar Details aus meiner Kindheit erzählt. Auch von Ingrid, dem Sonnenuntergang und meinem Kiss me!-T-Shirt. Leider hat sich die Tante nur noch totgelacht und albern »Kiss me! Fuck me, Cowboy!« gekichert. Da musste ich sie von hinten durchnehmen, weil sie sonst wieder einen ihrer berühmten hysterischen Anfälle bekommen hätte.

Eines Tages ist meine Mutter in der Morgensonne zum Becken geschlendert, und Ingrid trieb mit Rüschenrock und T-Shirt im Wasser und war tot. Ihre roten Sandalen standen hübsch nebeneinander am Beckenrand. »Ingrid ist tot! Ingrid ist tot!« hat meine Mutter geschrien. »Ingrid ist tot!« Alle sind wir in den Garten rausgerannt, und mein Vater hat Ingrid an Land gezogen. Sie war ganz blau im Gesicht, und mit ihren Augen stimmte auch irgendwas nicht. Und plötzlich kamen die Nachbarn von allen Seiten über die Zäune geklettert und haben sich über Ingrid gebeugt. Auf meinem T-Shirt waren dunkle Wasserspritzer und auf meinen Armen bildete sich Gänsehaut. Mir war auf einmal ganz kalt, obwohl die Sonne so schön schien. Ingrids Mutter kniete neben Ingrid und starrte ihr Töchterchen mit offenem Mund an. Ingrid hat einfach nichts mehr gemacht. Der Krankenwagen kam, und die Sanitäter haben sie auf die Trage gelegt. Da ist ihr Arm schlaff ins Gras gefallen. Ingrids Vater kam als Letzter von rechts über den Jägerzaun und wollte wissen, was los ist. Ingrids Mutter hat geschrien: »Ingrid ist schwimmen gegangen!« Danach war alles sehr ruhig. Die Nachbarn sind wieder nach Hause geschlichen. Nur Ingrids Vater blieb am Beckenrand sitzen und hat mit dem Kescher Gras und Ingrids Löcherstrümpfe aus dem Pool gefischt.

Die dumme Mia hat nur gelacht und mir albern die Haare aus der Stirn gestrichen. »Kiss me, Cowboy!« Und das war der Moment, wo ich angefangen habe, Mia aus tiefstem Herzen zu hassen. Ich habe das richtig in mir drin gespürt. Ich habe auf ihren Knöcher-Rücken geglotzt, und mein Herz hat gesagt: »Dich werde ich zwischen zwei Steinen zermalmen!« Danach lagen wir zusammen unter der Decke, und wieder habe ich dieses blaugrüne Bild vor Augen gehabt, wie mein Vater Ingrid aus dem Wasser auf den Rasen zieht. Und Mia hat immer noch dieses beschissene Pornolachen draufgehabt. Das hat mich so traurig gemacht, dass ich gesagt habe: »Geh bitte!« Meine Stimme war ganz kalt. Aber Mia hat nur rumgegrinst und verführungstechnisch geflüstert: »Love me!« Ich habe mich umgedreht und zur Steckdose neben der angelehnten Zimmertür gestarrt. Mia hat weiter gekichert, sich mit ihrer nackten Brust an meinen Rücken gepresst und meine Schulter geküsst. Ich habe ihre feuchten Zahnreihen auf meinem Schulterblatt gespürt.

Auf der Fensterbank liegt Mias grauer Handspiegel. Da glotze ich jetzt mal rein und checke mein Gesicht. Mein erster Eindruck bei dem Mädchen war bestimmt positiv. Mit meinem Gesicht ist alles okay. Darauf kann aufgebaut werden, falls man sich mal im Hof begegnet. »Hi, ich bin Lars!« Vielleicht ist die Lady ja ganz nett. Dann kann man sich mal zum Tee verabreden.

»Hier ist das beste Licht, um sich die Augenbrauen zu zupfen!« sagt Mia immer und rupft sich alle Gesichtshaare raus, die sie finden kann. »Ich kann mir das echt nicht lange mit angucken!« Dann fangen meine Augen immer volle Pulle an zu tränen. »Kannst ja ausziehen!« sagt Mia. Bald hat sie mich so weit. Dann gehe ich nach Miami. Pistolenhalfter anlegen, und schon geht's los. Gangsterbosse mit dem Propellerboot durch die Sümpfe treiben. Die haben in ihrem Schipperboot überhaupt keine Chance gegen mich. Können die sich nicht was Anständiges mit mehr PS leisten? So macht das doch gar keinen Spaß. Die habe ich in Null-Komma-Nichts eingeholt. »Miami Vice, geben Sie auf!« Die entkommen mir auf gar keinen Fall. Einfach mit dem Flammenwerfer knallhart auf die Gesetzesbrecher halten und denen ein bisschen den Pelz versengen. Da können die gar nicht anders, als sich losermäßig zu ergeben. Ich brauche nicht mal Verstärkung anzufordern. »Nee danke, Leute! Ich krieg das alleine hin!« »Bist du sicher?« »Ja, klar!« Ich bin eben der Einzelkämpfertyp. »Schön die Flossen oben halten!« Es reicht schon, denen ein bisschen mit der Automatik vor der Nase rumzufuchteln und einen auf unberechenbar zu machen. »Jungs, mein Finger zuckt schon gewaltig am Abzug! Kommt lieber flott an Land gekrochen! Schön langsam und einer nach dem anderen!« Die Jungs nur noch schnell in Handschellen gelegt, ihnen die Rechte vorgelesen und den Alligatoren zum Fraß vorgeworfen. Die sollen ja auch mal was Ordentliches zwischen die Kiefer kriegen, oder? Die bei der Aktion eingestrichene Kohle und die zehn Kilogramm Kokain behalte ich natürlich, bevor das Gangsterboot in den Everglades in die Luft gesprengt wird.

Das Koks schnorchel ich mir im Laufe der Jahre rein, und von dem Zaster gehe ich shoppen. Ich hole mir pastellige Anzüge und Slipper ohne Socken. Und einen rosa Flamingo stelle ich mir auch in den Garten. Ist doch hübsch. Die ganze Kohle haue ich raus und mache mir ein schönes Leben. Und die Garage fülle ich noch mit einem roten Ferrari. »Oh, du hast aber ein schönes Auto! Darf ich mich da mal reinsetzen?« »Sure, Baby!« Da hat man echt keinen Platz mehr für Sorgen. Da ist alles nur noch Sunshine.

Ich liege entspannt am Pool, lasse mir von Conchita die Füße pediküren, und wer taucht hinterm Ginsterbusch auf? Mia! »Du Arschloch!« Da macht mein Flamingo gleich mal einen Hopser zur Seite. »Denkst du, du kannst dich einfach verpissen, und ich sitze da mit der schissigen Wohnung?« Die Tante hat knallhart rausgefunden, wo ich mich versteckt halte. So ein Ärger. »Ich bleibe hier, ob's dir recht ist oder nicht!« Meine Herren, jetzt reicht es mir aber! Irgendwann ist auch mal Schluss! »Bring mir bitte das Telefon, Conchita!« Da bleibt mir echt nichts anderes übrig, als kurzerhand einen Profikiller zu organisieren. »Hör zu, Leon. Ich hab da einen kleinen Job für dich. Du musst mir meine Alte vom Hals schaffen!« »Besondere Kennzeichen?« »Ja! Rausgewachsene, blondierte Haare. Einen Meter siebzig hoch. Kurzes Kleidchen, Highheels mit dünnen Riemchen und keine Unterhose an.« »Willste die wirklich gekillt haben?« »Reichen dir dreihundert Riesen?« »Geht klar, Chef!« Kletten-Mia wird von mir unter einem Vorwand in ein altes Abbruchhaus gelockt. »Komm, meine kleine Mia, ich will dir was Schönes zeigen!« »Was denn?« »Wirst du gleich sehen!« Mia ist voller Vorfreude. »Kriege ich ein Geschenk?« »Wird nicht verraten!« Eilig mache ich mich aus dem Staub. »Wohin gehst du?« »Wirst gleich sehen!« Hübsch einen auf Bleifuß in meinem Ferrari machen und Richtung Beach düsen. Noch ein bisschen surfen gehen. Derweil wird Tantchen von Leon mit einem gezielten Genickschuss niedergestreckt. »Ist erledigt, Chef!«

Halb vier. Komisch, dass sich Mia noch nicht gemeldet hat. Die ruft doch sonst ständig von ihrem Workout an. »Hast du mich noch lieb?« »Ja!« »Vermisst du mich?« »Ja!« Eventuell habe ich Glück, und sie ist beim Rumhampeln kollabiert. Vielleicht liegt sie jetzt auf der Intensivstation unterm Sauerstoffzelt. Das wäre ja mal eine willkommene Aktion. Mia röchelt in ihrem hässlichen hellblauen Aerobic-Dress um ihr Leben. Neben ihr piepen die Apparaturen und zeigen ihren schwachen Herzrhythmus an. Nur noch so ein ganz langsames, müdes Klopfen. Es braucht nicht mehr viel, bis die Tante ganz über den Jordan ist. Mir soll es recht sein. Endlich geht ein lang ersehnter Traum in Erfüllung. Sehr praktisch. Da brauche ich noch nicht mal Mister Profikiller zu bemühen. Zum letzten Mal schaue ich bei Mia vorbei und tätschel ihr sanft das klebrige Händchen. »Mia, Mia, musstest du dich denn wirklich so verausgaben?« Tantchen versucht ihre trockenen Lippen zu bewegen. Aber kein Ton kommt aus ihrer Kehle. Nur ein leises Rasseln aus der Brust. Die Äuglein klappen zu, und der diensthabende Arzt zieht mich mit höchst besorgtem Gesichtsausdruck auf den Gang: »Es tut mir Leid, aber ich befürchte, Ihre Freundin Mia wird von uns gehen!« »O Gott, sind Sie sicher?« »Leider ja. Ihr Herz ist zu schwach!« Ich drücke mir ein paar Tränen raus. Ich bin sehr betroffen. »Mia ist alles, was ich habe!« Und in mir, da tobt die Freude. »Sie müssen jetzt sehr tapfer sein!« Endlich bin ich die Tante los. Endlich habe ich meine Wohnung wieder für mich ganz allein. Doch durch ein Wunder geht es Mia am nächsten Tag viel besser. »Ich habe gute Nachrichten für Sie, Ihre Freundin Mia ist über den Berg!« »Oh, wie schön!« »Sie können sie bald wieder mit nach Hause nehmen!« Da tobt die blanke Wut in mir. Wie kann diese Trine es wagen, sich über Nacht zu erholen? Da muss massiv eingegriffen werden. »Vielen Dank, Herr Oberarzt. Ich würde jetzt gerne noch ein bisschen mit meiner lieben Mia alleine sein!« »Kein Problem!« Da trollt er sich weg, der gute Doktor. Auf dem Weg, dem nächsten Tölpel das Leben zu retten. Mia lächelt mir durch die Plastikfolie entgegen, und in ihren Augen glänzen Tränen der Erleichterung. »Ich bin's, Lars!« »Ach Lars, mein Liebling. Ich hab's geschafft!« Wie rührend. »Ich dachte schon, ich muss dich für immer verlassen!« Gar nicht so verkehrt, der Gedanke! »Lars, was machst du da?« Klack, den Haupthebel umgelegt und der Tante den Lebenssaft abgedreht. »Tschau, Mia!« Ab mit ihr durch die Mitte, den dunklen Tunnel lang.

Jetzt aber mal los. Noch ein paar Bildchen für den Sexy Stretch-Flyer knipsen. Sonst dreht mein Bruder durch. Der kann es überhaupt nicht leiden, wenn man sein Versprechen nicht hält. Und leider Gottes habe ich ihm versprochen, dass ich mir was Cooles einfallen lasse. Ich habe überhaupt keinen Schimmer, was ich fotografieren soll. Vielleicht Mia unter ihrem Sauerstoffzelt, wie sie ihren letzten Atemzug tut? Ich wette, mit so einem Flyer könnte man ganz gut Aufsehen erregen. »Haste schon den neuen Flyer vom Sexy Stretch gesehen?«

2

»Nö!« »Da liegt 'ne Alte unterm Sauerstoffzelt!« »Wahnsinn!« »Ich glaube, da gehe ich mal hin, zu der Performance!« »Ich komme mit!« Oder ich frage, was der hässliche Mario meint. Vielleicht hat der ja einen Plan.

3

Raus ins Treppenhaus. Mann, ist das hier staubig. Da werden meine Airmax ja ganz dreckig von unten. Kann hier vielleicht mal jemand aufwischen und die Dielen schrubben? Das Sonnenlicht brennt durch die verschmierten Scheiben, und aus der Wohnung von meinem Sackgesicht-Nachbarn quillt widerlicher Räucherstäbchen-Geruch. Der Typ ist ein absolutes Desaster. Ein Wichtigtuer. Ein Tölpel. Eine dumme Sau, die mindestens zehntausend brutto im Monat macht und das ganze Haus mit seinen albernen Räucherstäbchen vollstinkt. Aber das ist noch nicht sein schlimmstes Verbrechen. Viel schrecklicher ist, dass ich ihm bei seinen merkwürdigen Unternehmungen zusehen muss. Der Typ hat echt nicht alle Tassen im Schrank. Von meiner Küche aus habe ich den perfekten Seiteneinblick in sein pompöses Schlafzimmer mit den hundert weißen Kissen und Decken. Mit so einer komischen Tante treibt er es da des Öfteren ziemlich bunt und lässt sich von ihr Windeln anlegen. Sie steckt ihn in hellblaue Babyklamotten und gibt ihm die Flasche. Das ist keine Lüge. Ich schwöre es. Hinten in der linken Ecke vom Schlafzimmer steht sogar ein großer Laufstall. Da setzt er sich rein und sabbert auf sein rosa Lätzchen.

3

Im Hof steht die Hitze. Kein Windhauch huscht vorbei. Ich will mal sehen, ob mein Bruder im Club ist. Der fette Koch vom Sexy Stretch hängt schwitzend in der offenen Küchentür rum und qualmt eine Zigarette. »Ist mein Bruder anwesend?« Ich zwänge mich an Mister Koch vorbei. »Ja!« Bloß nicht mit dem ins Gespräch kommen. Der Typ hat nämlich ein Glasauge. Damit glotzt er einem immer ganz schief ins Gesicht, und man weiß nie, in welches Auge man gucken soll. Mit so was kann ich ganz schlecht umgehen.

Drinnen hackt sein schüchterner Assistent mit einem großen, silbernen Messer auf kleine Karotten ein. »Tach!« Ich glaube, der ist stumm. Ich habe den Typen noch nie reden hören. Das sind echte Freaks, die mein Bruder um sich schart. Mit denen könnte er glatt auch eine Performance starten. »Guckt mal, was ich kann! Ich kann mein Auge rausnehmen!« Da wüsste ich aber, was vorne für ein Bild auf den Flyer kommt. Eine Schüssel voller Kotze.

Ab durch den roten Perlenvorhang in den Clubraum. Es ist ziemlich dunkel hier. Außerdem riecht es nach Kloputzmittel und abgestandenem Zigarettenrauch. In so einer Atmosphäre fühlt sich mein Bruder wohl. »Dieser Club ist mein Zuhause!« sagt er immer. Da kann er mir echt Leid tun. Draußen scheint so schön die Sonne.

Mein Brüderchen hängt mit einer Bierflasche cool am Tresen rum und hat sich so ein albernes Gangsta-Muffin-Tuch um die Birne gebunden. »Ich kastrier dich, du alter

Sack, wenn du dich noch mal an mein Vinyl ranmachst, kapiert?« War ja klar, dass hier wieder die ganz schräge Stimmung am Laufen ist. Helpless-Mario kauert verängstigt am DJ-Pult und packt eilig die Platten von meinem Bruder zurück in die Hüllen. »Entschuldigung!« Der Typ ist echt eine Schande für die Menschheit. »Hi, Leute!« »Tach, Lars!« Dass der sich nicht mal zur Wehr setzt. Die ganze Zeit lässt er sich von meinem Bruder fertigmachen. Kaum zu glauben. »Entschuldigung!« Ich kann auch nicht ständig dazwischenfunken und versuchen, meinen Bruder mit irgendwelchen Tricks abzulenken. Das muss der Penner echt selber mal gebacken kriegen. Aber ich glaube, das kann man voll vergessen. Mario ist eben die absolute Null und hässlich wie die Nacht. Er ist die ultimative Reinkarnation von diesem Buckeltypen Quasimodo. »Du bist das letzte Arschloch, Mario!« Mein Bruder kennt aber auch wirklich keine Grenzen. Der lässt seinen ganzen Frust an Mario aus.

Jetzt dreht Helpless doch noch auf, und plötzlich fliegt so eine heilige Platte quer über die Tanzfläche direkt auf meinen Bruder zu. Mein Bruder bückt sich, und die Platte zischt direkt in die frischpolierten Gläserreihen hinter dem Tresen. Mon frère taucht wieder auf, stellt seine Bierflasche auf der lila lackierten Barplatte ab und rast unter der Diskokugel auf Quasimodo zu. »Es tut mir Leid, es tut mir Leid, es tut mir Leid!« »Halt die Schnauze!« Und schon hat Ugly Kid Joe eine ordentliche Kopfnuss hängen. »Aua!« Der taumelt richtig ein Stück nach hinten. »Du bist echt tot, Mario!« Vielleicht sollte ich mich besser mal einmischen. Ich könnte mich zwischen die beiden schmeißen und einen auf Bodyguard machen. So einer setzt sein Leben doch auch ständig für irgendwelche Weicheier aufs Spiel. »He, Jungs. Immer schön ruhig!« Zu spät. »Rache!« Mario schlägt seine halbleer getrunkene Orangina-Flasche am Pult in Stücke und zieht meinem Bruder den Stumpf knallhart durchs Gesicht. Überall spritzt die klebrige Brause rum. Zum Glück habe ich mich nicht dazwischen geworfen, sonst hätte ich jetzt den ganzen Scheiß am Blüschen hängen. Gangsta-Muffin liegt am Boden und krümmt sich wie so ein angeschossener Cowboy. Wie einer, der im Galopp vom Pferd geknallt worden ist. Mario hat richtig Mumm in den Knochen. Meine Herren, den sehe ich plötzlich mit ganz anderen Augen. Hut ab, Zorro!

Mal gucken, wie es meinem Bruder geht. »Tut's doll weh?« »Hau ab!« Der hat vielleicht schlechte Laune. Ich will mich doch nur ein bisschen um ihn kümmern. Zum Dank kriege ich voll eins vors Schienbein getreten. Dann soll er doch selbst sehen, wie er wieder hochkommt. Ich helfe ihm nicht. »Hilf mir mal!« Na gut. Schön vorsichtig. Mann, o Mann, das sieht nicht gut aus. Der blutet ja überall. Mario hat mon frère echt die halbe Visage aufgeschlitzt. »Arschloch!« Bin ich jetzt an allem Schuld, oder was? Ich bin nur eine zufällig anwesende Person, ein unbeteiligter Zuschauer. Was kann ich dafür, wenn er und der andere Idiot sich die Köpfe einschlagen?

3

»Mario ist echt tot. Den bring ich um!« Aber nicht gleich. Im Moment hättest du ziemlich schlechte Karten, Brüderchen. Ich glaube, seine Sehstärke ist etwas beeinträchtigt. Erst mal den verwundeten Cowboy aufrichten und ins Sexy Stretch-Klo geleiten. Da kann er sich ein bisschen die Limo von den Wangen plätschern. Ist ja auch nicht so schön, wenn das Zeug in den Wunden klebt. »Aua! Reiß mir nicht gleich meinen Arm raus, du Idiot!« Wie so ein alter Tattergreis stellt der sich an. Irgendwie muss ich ihn ja wieder auf die Beinchen kriegen. Der Gute hat wirklich keinen Gleichgewichtssinn mehr. Der torkelt hin und her, als hätte er eine Pulle Whiskey auf Ex gekippt. Dem greife ich lieber mal unter die Arme. Echt, wie so einem alten Väterchen, dem man über den Zebrastreifen helfen muss. »Schön vorsichtig, einen Fuß vor den anderen. Nur keine Eile. Bitte nicht hupen! Wir sind gleich drüben!«

Mein Bruder steht in dem rosa gekachelten Klo vor dem Spiegel und befingert seine Löcher. Da kann einem ja richtig schlecht werden. Ich glaube, an einer Stelle sieht man sogar den Knochen. Das muss richtig wehtun. Quasimodo hat wirklich was vollbracht. Von der Stirn verläuft ein tiefer Schnitt quer über die rechte Wange und endet in der Oberlippe. Rechts im Gebiss fehlt sogar ein Zahn. Soll ich den mal unter der Diskokugel suchen gehen? Vielleicht will sich mein Bruder den an einem schicken Lederband um den Hals hängen. So als Erinnerung. »Guck mal, das ist mein Zahn. Den hat mir

Quasimodo rausgehaun! Fesch, was?« Mario muss richtig Wut im Bauch gehabt haben. Die hat sich über die Jahre angestaut, und irgendwann ist eben das Fass voll. Genau wie bei Mia und mir. Da muss ich auch aufpassen, dass ich die Tante nicht plötzlich mal an den Beinen packe und kräftig durchschüttel.

Das hat mein Bruder jetzt davon. Da braucht er sich gar nicht zu wundern. »Das sieht nicht gut aus!« Der soll bloß nicht so viel mit seinen Dreckfingern da rummachen. Das entzündet sich bestimmt, und dann hat er nachher so dicke Eiterbeutel. »Hau ab!« Gerne. Ich habe sowieso keine Lust, mir das noch länger reinzuziehen. »Soll ich mal einen Krankenwagen rufen?« »Ich warne dich!« »Es wäre bestimmt besser, wenn da mal ein Profi einen Blick draufwirft. Sonst gibt es noch Narben. Im Krankenhaus kümmern sich die Ärzte um die Sache!« »Das ist keine Sache, verdammte Scheiße! Das ist mein Gesicht, du Idiot!« Igitt, ist das alles eklig. Ich bin für solche Aktionen echt der falsche Ansprechpartner. Ich muss hier schleunigst raus, sonst kann ich für nichts mehr garantieren. Wie gesagt, ich habe einen empfindlichen Magen. »So kann ich mich doch nirgendwo mehr blicken lassen!« Der soll mal nicht so schreien. Da verschieben sich nachher noch die Schnittränder. »Soll ich nicht doch einen Krankenwagen rufen?« Ich glaube, das wäre wirklich das einzig Vernünftige. »Scheißkrankenwagen!« Bitte, dann eben nicht. Ich sehe schon, es geht dem Herrn total gut. Er ist gar nicht wackelig auf den

Beinen. Taumelt nur mal kurz aus der orange gestrichenen Tür in den Vorraum und kotzt zwei Schritte weiter direkt auf das rote Kunstledersofa. Zum Glück kriegt man Magensäfte da ganz leicht wieder raus. »Soll ich dir Klopapier bringen?« Auch nicht. Na gut. In so einem Moment will man vielleicht wirklich seine Ruhe haben. »Ich gehe dann mal!« Krasse Angelegenheit. Wirklich!

Durch den purpurroten Klimpervorhang komme ich wieder in die Küche. »Leute, es regnet Blut!« Der Koch schielt mir fragend entgegen. »Was ist denn los?« Ich bin geschockt. Ich bin einfach geschockt. Der Schrecken geht weiter. Ich habe ihm voll ins Glasauge geglotzt. »Vielleicht sollten wir besser einen Krankenwagen rufen!« Quasimodo hockt zitternd und sabbernd auf der silbernen Arbeitsplatte, und seine Frankensteinbeißer schieben sich über die spröden, aufgerissenen Lippen. »Mario hat meinem Bruder echt das ganze Gesicht zermatscht!« »Wenn der immer gleich so ausflippen muss!« Der Koch klopft ihm tröstend auf die hängende Schulter. »Ist ja gut, Mario!« Gar nichts ist gut. Ich habe in Mister Kochs Glasauge geblickt, und jetzt dreht sich mir wirklich der Magen um. Ob der das nachts aus der Augenhöhle nimmt und in einem Wasserglas aufbewahrt? Kann doch sein. Zahnprothesen nimmt man ja auch nachts raus, damit da nichts gammelt. Wo hat er bloß sein echtes Auge gelassen? Vielleicht an irgendwelche Organhändler verkauft? »He, sag mal, was kriegt man bei euch denn so für ein Auge?« »Kommt drauf an! Was für eine Farbe hast du denn zu bieten?« »Grün!« »Tut mir Leid, da gibt's nicht so viel!« »Warum nicht?« »Grün läuft zur Zeit nicht so gut! Blau wäre besser!« Jetzt muss Mister Koch noch mal in sich gehen. »Soll ich denen mein grünes Auge geben oder nicht?« Klar, auf einen Glubscher kann man schon mal verzichten. Freut sich ein anderer drüber. »Außerdem kann ich dann endlich für drei Monate nach Thailand ins Ayurveda-Zentrum!« Und Mister Koch macht den Deal perfekt. Im Parkhaus, gleich um die Ecke, einfach bis aufs Dach hochfahren, Handbremse anziehen und ein paar schreckliche Sekündchen warten. Da kommen sie schon, die Organhändler. Mit einem Eiskugler in der Hand. Sie öffnen die Fahrertür: »Dauert nur einen winzigen Augenblick, Mister Koch!« und im nächsten Moment haben sie sein Auge rausgeknubbelt. Das Glasauge wird reingedrückt, und alles ist wieder beim Alten. »Vielen Dank, Jungs!« »Keine Ursache!«

Auf Quasimodos gelbem T-Shirt steht in schwarzer Schrift »Drogendealer«, und rundherum ist alles mit kleinen Blutspritzern verziert. Cooles T-Shirt, Mario! Der Koch-Assi fingert im Hintergrund am Telefon rum und bestellt mit zittriger Stimme einen Krankenwagen. Leute, der Typ ist gar nicht stumm!

Plötzlich bewegen sich die roten Perlenschnüre und der leibhaftige Rache-Zombie erscheint. »Knirpslein! Ich zieh dir die Eingeweide raus!« Quasimodo springt von der Arbeitsplatte und sieht hilflos mit an, wie mein

Bruder dem depperten Assistenten das Schlachtermesser aus den Pfoten reisst und auf ihn zustürmt. »Mach dein Testament, Mario!« Das Fleischermesser blinkt im Licht der einfallenden Sonne. Frisch geschliffen fürs Tagewerk. Draußen kommt das Nagellack-Mädchen mit der cremefarbenen Hose und dem rausgewachsenen Haaransatz auf den Hof geschlingert und stoppt am Fahrradständer. Soll ich mal hingehen und einen Plausch mit ihr anfangen? »Du verwichstes Arschloch!« Langsam wird die uncharmante Ausdrucksweise meines Bruders inflationär. Das Mädchen hat es gehört und dreht sich erschrocken zu uns in der Küche um. Ich zucke mit den Schultern, und als ich mich wieder dem Zombigeschehen zuwende, zappelt mein Bruder auf dem Bauch unter der Arbeitsplatte und der Koch kniet auf seinem Rücken. »Lass mich los, du fettes Schwein!« Mister Koch bleibt cool, dreht Zombie das Händchen um, und das Messer fällt klirrend zu Boden. »Ergib dich!« Hätte ich nicht gedacht, dass man so was mit Glasauge hinbekommt. Hier überraschen mich heute einige sehr positiv. Auch die Sanitäter, die der Assi gerufen hat. Die kennen einen guten Griff, um meinen großen Bruder weiter ruhig zu stellen.

4

Das Nagellack-Mädchen und ich hocken bei mir im fünften Stock auf dem Fensterbrett und lassen unsere Beine raushängen. Die Tante ist vorhin knallhart mit zu mir hoch gekommen. »Ich habe mein Schlüsselbund in der Wohnung liegen lassen!« Wir glotzen über das glänzende Dach des Vorderhauses vor uns und warten auf den Schlüsseldienst. »Dann komm doch mit zu mir!« »Oh, gerne!« Hat die keine Angst, dass ich der was antun könnte? Wäre doch möglich, dass ich pervers veranlagt bin. »Zieh dich aus, du Miststück!« Ganz brutal könnte ich sie rannehmen. Ob sie will oder nicht! »Oh, nein! Bitte nicht!« »Halt die Klappe, du Hure!« Da schreit sich das Täubchen ganz umsonst die Lunge aus dem Hals. »Hilfe, Hilfe!« Ich habe nämlich meine Räume schalldicht gemacht. »Ja, schrei nur, mein Mäuschen. Dich wird niemand hören!«

Das sind eben solche Träume. Genau wie man als Kind von einem Hund träumt, und wenn man ihn dann hat, ist es die reinste Katastrophe. Jedenfalls war es bei meinem Kumpel Sven so. Der hatte sich früher immer einen Hund gewünscht, und irgendwann hat er einen bekommen, und dann war alles nur noch nervig. Ständig musste Sven mit dem Köter Gassi gehen, während wir anderen schick Bonanza-Fahrrad fuhren, und Sven hat gesagt: »Eines Tages erschieße ich die Sau! Die ruiniert mir mein ganzes Leben!« Und genauso ist es mit Sexualdelikten. Immer hübsch Traum sein lassen. Sonst hat man danach ein schlechtes Gewissen und zu guter Letzt kriegen sie einen dran. »Aufmachen, Polizei!« Mit hundert Mann stürmen die in meine Butze, bedrohen mich mit Maschinengewehren und zwingen mich, in ein Röhrchen zu spritzen. »Das wird beweisen, dass Sie der Täter sind!« Schon hockt man im Kittchen und bereut alles. »Hätte ich bloß meine Pfoten von der Tante gelassen!« Schönen Dank auch. So was ist nichts für mich.

Das dauert echt ewig, bis der Schlüsseldienst an Land kommt. Vor einer Stunde haben wir dem schon Bescheid gesagt. »Können Sie bitte ganz schnell kommen!« So lange soll die Lady nun auch wieder nicht bei mir abhängen, nachher fühlt die sich hier noch wie zu Hause. Da kann man sich nicht sicher sein, ob man die je wieder los wird. Mia ist ja auch nicht mehr gegangen, als sie erst mal ihren Fuß in der Tür hatte. »Überraschung! Ich bleibe!«

Die Lady qualmt ganz schön was weg. In den letzten zwanzig Minuten hat die ungelogen sieben Zigaretten geraucht, das macht alle drei Minuten eine Zigarette. So was kann nicht gesund sein. Vielleicht hat sie deswegen so viele Falten um die Augen. Außerdem sieht die von oben wirklich genauso aus wie Mia. Jedesmal, wenn sie sich eine von ihren Zigaretten aus der Packung fingert, kriege ich einen Schreck. »Huch, Mia sitzt ja neben mir! Soll ich ihr einen Schubs geben?« Mir juckt es richtig in den Pfoten. Allerdings hat diese Trine ein paar Flusen mehr auf dem Kopf. »Gehen dir vom Blondieren nicht die Haare aus?« Da braucht die gar nicht so komisch zu gucken! Hat die noch nie davon gehört, dass Blondieren nicht gut für die Haare ist? »Einer Freundin von mir sind davon die Haare schon büschelweise ausgefallen!« »Aha!« Ich muss ja nicht gleich überall rumerzählen, dass es sich dabei um Mia handelt. Das wäre der bestimmt nicht recht. Außerdem fühlt es sich gut an, so zu tun, als sei man der ultimative Single mit eigener Wohnung und Freizeit bis zum Anschlag.

Wer weiß, vielleicht spielt die Lady schon mit dem Gedanken, hier gleich eine wilde Nummer aufs Parkett zu legen. Ganz unbescholten sieht sie jedenfalls nicht aus. Ich lächel. Sie lächelt. Und eigentlich ist schon alles klar. Wenn sie nicht so knochig wäre. Aber noch schlimmer ist ihre hässliche Hose. Echt. Hätte die Trine was anderes an, würde ich glatt einen Tango mit der wagen. »Los, Baby, lass uns tanzen!« Einfach mal den Arm um die Lady legen und einen auf ganz vertraut machen. Aber daraus wird nichts. Ich bin nämlich nicht der Typ, der seine Freundin betrügt. Auch wenn ich die am liebsten von der nächsten Brücke stoßen würde. »Good-bye, Mia, jetzt kannst du den Fischen deine Liebe schenken!« Nachher verliebt sich diese Lady in mich, und ich darf sehen, wie ich sie wieder los werde. »Komm mit, mein Täubchen! Ich will dir eine schöne Brücke zeigen!«

»Ich heiße übrigens Lilly!« Das ist doch mal eine gute Nachricht. Lilly heißt sie. »Ich heiße Lars!« Toll, unsere Vornamen fangen beide mit L an. Wenn das mal kein Zeichen aus dem All ist. »Jungs, lasst uns mal die beiden Erdlinge zusammenführen. Die fangen beide mit L an!« »Geht klar, Chef!«

»Kann ich mal bei dir duschen?« Das ist ja jetzt eine ganz billige Nummer. Solche Anmachaktionen kenne ich bis jetzt nur aus irgendwelchen labbrigen Pornomagazinen, die Mia ab und zu anschleppt, um sich mit mir in Ekstase zu bringen. »Ah, mir ist so schwitzig zwischen den Beinen, darf ich mal bei dir duschen, du geiler Hengst?« »Klar kannst du duschen!« Ich gleite von der Fensterbank. »Warte, ich hol dir ein Handtuch!« Lilly strampelt sich ihre Billighose von den Beinen und trottelt hinter mir her. »Ich fühle mich nämlich so ein bisschen schwitzig!« Ja, ja, ich weiß, zwischen den Beinen. Hätte ich echt nicht gedacht, dass es Leute gibt, die Pornoheftsprüche auswendig lernen. Auf die Idee ist bisher nicht mal Mia gekommen. »Oh, Lars, galoppier mit mir bis zum Horizont!« »Hier!« Zur Strafe bekommt Lotter-Lilly mein altes hellblaues Handtuch. Damit habe ich zuletzt meine Airmax gesäubert. Am Rand ist mein Name in rosa eingestickt. LARS. Den Fetzen habe ich mal von Sven in der fünften Klasse zum Geburtstag bekommen. »Danke!« Ich lächel. »Nichts zu danken! Brauchst du sonst noch was? Ein frisches T-Shirt? Eine neue Hose?« Die blöde Nuss schüttelt den Kopf. »Nein, danke!«

Ich hätte ihr wirklich gerne eine Hose von mir geliehen. Na ja. Jetzt verschwindet sie sowieso erst mal im Bad. In der Zeit können sich meine Augen ein wenig erholen. Vielleicht warte ich einfach, bis sie unter der Dusche steht und ruiniere ihr dann heimlich diesen grässlichen Lappen. Die hat sich tatsächlich mitten im Wohnzimmer die Hose runtergezogen. Da kann ich auch ganz schamlos mit ihrer Hose umspringen. Einfach anzünden und aus dem Fenster pfeffern. »Achtung, ein Feuerball stürzt auf die Erde! Rette sich, wer kann!« Wenn die Trulla dann ins Handtuch gewickelt aus der Dusche kommt und ihre Beinkleider nicht wiederfinden kann, tue ich ganz normal. »Hast du meine Hose gesehen?« »Welche Hose?« »Na, meine cremefarbene Hose!« »Ich weiß nicht, wovon du redest! Soweit ich mich erinnern kann, hattest du gar keine Hose an!« Dann wird Lilly-Lady die Stirn in Falten legen, scharf nachdenken, und plötzlich wird sie sich auch nicht mehr so sicher sein, ob sie jemals eine Hose angehabt hat. »Hatte ich überhaupt eine Hose an?« »Nein, ich glaube nicht!« »O Gott, ich bin draußen ohne Hose rumgelaufen! Wie unangenehm!« Hauptsache, sie wickelt sich das Handtuch nicht so um den Körper, dass oben auf ihrer Brust fett und rosa LARS zu lesen steht, dann falle ich nämlich tot um.

Da ist die Maus ja wieder. Süß und duftend. Unschuldig und halb nackt lehnt sie sich gegen den Türrahmen.

»Willst du nicht mal im Krankenhaus anrufen und fragen, was mit deinem Bruder ist?« Sie trägt nur ihr kleines T-Shirt und den Schlüpfer. Die Haare hängen nass und und noch leicht tropfend auf ihre Schultern. »Ja, kann ich ja mal machen!« Ich dachte, die ist viel knochiger. So knochig ist die gar nicht. Irgendwie ist doch was an der dran. So ein bisschen an den Oberschenkeln. Und der Po ist auch ein klein wenig rund. »Ist besetzt?« »Ja!« Anscheinend haben die bei der Notaufnahme richtig was zu tun. »Komisch, dass der Schlüsseldienst noch nicht da war! Dauert das immer so lange?« »Keine Ahnung!« Lady-Lilly hockt sich auf meinen Tisch und zündet sich eine Zigarette an. Ich kann ein bisschen zwischen ihre Beine sehen. Gleich raunt sie bestimmt: »Oh, Lars, du machst mich geil. Mein Höschen wird ganz feucht!« Keine Ahnung, was mit dem Schlüsseldienst ist. Hauptsache, die Tante macht keine Flecken auf meinen unbehandelten Holztisch. Soll ich jetzt sagen: »Hock dich mal bitte woanders hin, sonst tropfst du noch aufs Holz!« Wie soll ich das nachher bitte Mia erklären? »Och, da hat sich vorhin nur eine Tante mit ihrer sabbernden Muschi draufgesetzt. Nichts weiter!« Wo bleibt die eigentlich? Normalerweise müsste Mia schon längst zu Hause sein.

»Ist immer noch besetzt?« Lady-Lilly rutscht von der Tischplatte, macht ein paar graziöse Schritte vor meiner Nase und zieht sich auf die Fensterbank hoch. »Ja!« Bestimmt kommt Mia gleich. Das wäre prima. Dann könnte sie sich nämlich noch die halbnackte Muschi auf meinem Fensterbrett reinziehen. Diese Lilly hat echt keine Scham. Die spreizt unflätig ihre Beine. Richtig weit auseinander. Die möchte wohl, dass ich da hingucke! »Hey, Baby, komm her!« Auf allen Vieren soll ich zu ihr krabbeln und mich langsam an ihrem zarten Beinchen hochküssen. Da würde Mia doch genau dazu passen. »Hi, Mia, da bist du ja endlich!« Mimi-Mia kann gar nicht glauben, welch hübscher Anblick sich ihr bietet. Der liebe Lars mit der lieben Lilly im Gegenlicht auf der Fensterbank. Eng umschlungen ziehen wir uns verliebt den Sonnenuntergang rein. »Schau nur, welch reizender Sonnenuntergang!« Und als der orangene Lichtball hinter dem Vorderhaus verschwunden ist, küssen wir uns heiß und hemmungslos. Die Zungen tief in den Rachen des anderen versenkt. »O mein Gott, Lilly. Du bist so heiß!« Lilly zieht sich frech lächelnd das Hemdchen über das Köpfchen und schüttelt ihre Haare nach hinten. »Leck mich ab, Lars!« »Aber gern!« Und schon schlabbere ich Lady-Lilly von oben bis unten ab. Mimi-Mia steht im Eingang und lässt ihre Aerobictasche fallen. »Lars, du Arschloch! Wer ist die blondierte Nutte?«

Endlich ist das Telefon bei der Notaufnahme frei. Ich sage denen, wer ich bin und dass ich meinen Bruder besuchen möchte. »Wissen Sie eigentlich wie spät es ist? Jetzt ist doch keine Besuchszeit!« Was soll denn der Mist? Mein Brüderchen liegt ganz alleine in fremder Umgebung und hat Schmerzen im Gesicht! Diese Kack-

Bürokraten! Da muss ich ihm doch beistehen. »Vielen Dank!«

Wie soll ich denn jetzt diese lüsterne Lilly aus meinen Gefilden kriegen? Freiwillig geht die bestimmt nicht weg. Die sieht so aus, als ob sie fleißig dabei ist, Wurzeln zu schlagen. Hampelt hier halb nackt um meinen Tisch herum und säuft meine Wasserflasche leer. Das geht entschieden zu weit! »Ich fahre gleich mal rüber ins Krankenhaus. Meinem Bruder geht es nicht so gut!« »Und was ist mit mir?« »Du kannst ja im Club auf den Schlüsseldienst warten!« »Leihst du mir dann wenigstens eine Hose von dir?« Langsam sollte ich mal meine Videokamera einschalten, das glaubt mir sonst keiner, was hier drinnen gerade abgeht. Die Lady kommt wohl vom anderen Stern. Kein Zweifel. Die weiß echt nicht, wie man sich auf der guten alten Erde zu benehmen hat. »Klar, leih ich dir eine Hose!« Draußen geht die Sonne unter, und der Himmel färbt sich in sanften Übergängen dunkelblau, wie ein Wasserglas, in das eine Feder mit Tinte getaucht wurde. Über Lilly und mich legt sich der schwere Schatten der Nacht. Ich mache mal lieber Licht an, bevor das Püppchen in der Dunkelheit über mich herfällt. »Danke! Meine Hose ist nämlich ein bisschen dünn für den Abend!« Verstehe. Die Lady hat Panik, dass sie sich eine Blasenentzündung einfängt. Lieber infiziert sie sich mit fremden Tripper-Viren. Echt! Könnte doch sein, dass ich unter Tripper leide. Das würde dieser Lotter-Lady recht geschehen. Frechheit muss einfach bestraft werden. »Du bist echt lieb, Lars!« Lilly schlüpft in meine Hose. »Ich bringe sie dir morgen wieder!« Ja, ja! Am besten, wenn Mia da ist. Die kann dir dann gleich die Augen auskratzen, du Flittchen.

»Ich geh nur noch schnell aufs Klo, ja?« Meinetwegen. »Ich hab so viel Wasser getrunken!« Ich weiß. Gleich stelle ich hier eine Kaffeekasse auf. Was mich die Tante heute schon gekostet hat! Bestimmt dreißig Mark. Plus drei Millionen Mark für die Schädigung meiner Nerven. »Hast du noch Klopapier?« »Ja, neben der Waschmaschine!« Ich wette, die packt sich noch zwei Rollen unter das Blüschen. Und gleich sagt sie: »Ich weiß auch nicht wieso, auf einmal sind meine Tittis ganz groß geworden!« Das ist so eine, die alles mitnimmt, was nicht niet- und nagelfest ist. Bei der muss man immer ein Auge drauf haben. Hoffentlich klaut die nicht einen von Mias Lippenstiften. So was bevorzugen ja Kleptomaninnen. Lippenstifte. Egal, ob die einen brauchen. »Oh, da liegt ja ein Lippenstift!« Die mopsen immer Lippenstifte. »Den nehme ich mit!« Das ist wie eine Sucht. Ich muss Lippenstifte klauen! Egal. Ich glotz jetzt einfach runter in den Hof.

Die Tür zur Sexy Stretch-Küche ist wieder offen. Von drinnen fällt ein heller Lichtstrahl auf die Mülltonnen, und Quasimodo kommt auf seinem alten Moped auf den Hof geknattert. Am liebsten würde ich ihm einen Backstein auf den Kopf fallen lassen. Die Sau hat meinen Bruder in die Knie gezwungen. Doofmann! Mario hört mich nicht und verschwindet mit seinem Doofmann-Helm in der offenen Küche. Jetzt macht er da drinnen erst mal einen auf Big Boss. »Hey, alle mal herhören! Ab heute habe ich das Sagen!« Und dann legt der Penner so richtig los und piesackt das Thekenpersonal. »Beweg deinen fetten Arsch, da hinten will jemand ein Bier!« »Ja, Chef!« Genau, wie es mein Bruder mit ihm gemacht hat. Das gibt Rache. Wenn mein lieber Bruder draußen ist, pflastert er mit Marios Gliedmaßen die Straßen. Garantiert.

5

Tschau, Lilly!« Die Lady bin ich erst mal los. Die hockt sich jetzt im Sexy Stretch an den Tresen und macht einen auf verlassenes Muttchen. »Ich weiß gar nicht, wo ich heute nacht bleiben soll!« Bestimmt quatscht die gleich den nächsten Clubbesucher an: »Kann ich mit zu dir kommen? Ich habe meine Schlüssel vergessen!« »Klar, Püppchen!« Frisch geduscht ist die Tante ja. Kann sie sich gleich bei ihrem neuen Opfer nackt aufs Bett flezen. »Ich bin so müde, darf ich bei dir ein kleines Nickerchen machen?« »Klar, Püppchen!« Und schon haut sich der Typ neben sie aufs Laken und grabbelt ein bisschen an ihr rum. »Na, soll ich's dir besorgen, du Hure?« »O ja, bitte! Hier und jetzt!« Mit so einer Nummer kann man bei mir nicht landen. So was durchschaue ich sofort. Da bin ich echt der falsche Ansprechpartner. Ich stehe lieber ein bisschen auf der Straße rum und langweile mich. Früher ist mir so was nie passiert. Da war immer Action angesagt. Die Tage sind nur so an mir vorbeigeschossen. Immer volles Programm, bis zum Anschlag. Na ja, da hatte ich ja auch noch Ingrid bei mir. Die hat nicht so dämlich rumgenervt, dass ich vor der wegrennen musste. Was soll ich denn jetzt machen? Schüchtern mit meinem Handtäschchen rumschwingen? Vielleicht hält ja einer an und nimmt mich mit auf sein Zimmer. »Was kostet bei dir eine Runde blasen?« Echt! Ich hänge hier unter der Laterne rum und um meinen Kopf schwirren eine Million Motten. Tolle Freizeitbeschäftigung an einem Freitagabend.

Da kann ich mir viel nettere Situationen vorstellen. Zum Beispiel von Marsmännchen entführt zu werden. Das wäre wirklich mal eine ganz spezielle Aktion. »Los, Jungs, packt ihn!« Zur Show würde ich mich nur so ein bisschen wehren. Meinetwegen können die auch ein paar Experimente mit mir starten. »Jungs, pflanzt ihm einen zweiten Kopf auf die Schulter!« »Wird gemacht, Chef!« Können die gerne machen. Stört mich nicht. Dann kann ich mich wenigstens mit meinem zweiten Kopf unterhalten. Hauptsache, der ist nicht so nervig wie der Rest der Welt. »Kannst du es auch nicht leiden, wenn man dir immer einen Finger in den Rachen schiebt?« »Nee, kann ich auch nicht gut mit umgehen!« Das wäre echt Klasse, so eine Begegnung. Da gibt es bestimmt viel zu erzählen. »Marsmännchen, wo seid ihr?!«

Was soll ich denn jetzt machen? Nach Hause kann ich nicht. Da hängt mir sofort wieder Lilly auf den Hacken. »Huhu, Lars, warte auf mich! Ich hab gerade gesehen, wie du über den Hof gegangen bist.« Vielen Dank. Da kann ich echt drauf verzichten. Zu meinem Bruder kann ich auch nicht fliehen. »Morgen ist erst wieder Besuchszeit!« Toll. Dann stehe ich hier eben rum und leide ein bisschen. Mein Leben ist wirklich ein Desaster. Ständig bin ich auf der Flucht. Es gibt keinen Ort für mich, wo ich das Gefühl habe, angekommen zu sein und wo ich mich wirklich geborgen fühle. Überall wollen die Tanten was von mir. Mia will, dass ich ihr in den Po pimpere, und diese Lilly-Lady hat sich bestimmt auch in mich verliebt. Ab heute werde ich nie mehr einfach so über den Hinterhof spazieren können. »Huhu, Lars!« Die hängt sich wie eine Klette an einen dran, ich ahne es schon. »Lars, wenn du willst, weiche ich nie wieder von deiner Seite!« Genau wie Mia. »Du bist der Topf zu meinem Deckel!« Die Lady wollte echt nicht von meiner Seite weichen. »Kann ich nicht mit ins Krankenhaus kommen?« »Du mußt doch hier auf den Schlüsseldienst warten!« »Der kommt sowieso nicht mehr!« Womit sie Recht haben könnte. Aber das kann nicht mein Problem sein. Soll die dumme Nuss ihren Schlüssel eben nicht in der Wohnung liegen lassen.

Da fällt mir ein, ich habe Mario gar nicht gefragt, für welche Veranstaltung er Flyer-Fotos braucht. Egal. Ich warte jetzt einfach, bis eine Raumfähre direkt vor meiner Nase landet. Dann kann ich ja davon ein paar Aufnahmen machen. »Hier, Mario, was ganz Ausgefallenes. Ich habe ein echtes Ufo fotografiert!« »Bist du wahnsinnig? Bei der nächsten Performance handelt es sich um eine Stripshow!« Das einzige Problem mit dem Foto ist, dass hier zu viele Autos auf der Straße rumheizen. Da wird es schwer für die Marsmännchen, ihre Schüssel ohne Blechschaden zu landen. So doof sind die bestimmt nicht. Ich wette, die kommen lieber da runter, wo sie mehr Platz haben, auf einer Waldlichtung oder so. Ich würde auf jeden Fall im Wald landen, wenn ich ein Marsmännchen wäre. »Jungs, lasst uns lieber auf einer schönen Lichtung landen!« Dann mache ich mich am besten gleich mal auf, in den Wald. Wenn ich Glück habe, kann ich da noch eine schwarze Messe beobachten.

»Hallo, Taxi, anhalten!« Dann mal los. »In den Wald, bitte!« Glotz nicht so blöd da vorne. »In den Wald?« Ja, in den Wald. »In den Wald fahre ich nicht!« Was soll das denn jetzt? Wieso fährt der mich nicht in den Wald? Ich bezahle doch dafür. »Dann vielleicht bis zum Waldrand?« »Was wollen Sie denn da?« Das geht den ja wohl überhaupt nichts an. Wenn der Typ weiter so rumspinnt, opfere ich den bei den schwarzen Brüdern. »He, Leute, ich hab euch was mitgebracht!« Da kann Herr Taxifahrer strampeln, so viel er will. »Nein, bitte nein! Ich bin doch gar keine Jungfrau!« Egal. Der Typ wird trotzdem mit heißem Wachs übergossen. »Aua! Das tut weh!« Warte ab, mein Freundchen. Das ist erst der Anfang. Besser, du hältst noch bis zum Finale durch. Da wird dir Hören und Sehen vergehen. »Ich zeige euch alle an!« Das wird Herrn Taxifahrer nicht gelingen. Meine Kumpels und ich haben nämlich alle hübsche schwarze Kutten an mit hübschen schwarzen Kapuzen dran. Und einer von uns trommelt. In der Mitte von unserem Kreis brennt ein herrliches Lagerfeuer. »Franz-Josef, binde Herrn Taxifahrer an den Baum!« »Langsam habe ich aber genug von euren Spielchen!« Herr Taxifahrer wird wie ein Bierfass angezapft. »Jeder nur einen halben Becher Blut!« »Nur so wenig?« Hier wird nicht rumgenölt, sonst wird gleich noch einer von meinen Jüngern angezapft. Einer nach dem anderen holt sich gehorsam sein Taxifahrerblut. »Danke, Hoher Lars, für diese Gabe!« Keine Ursache. Man tut, was man kann.

»Ich will ein bisschen Pilze sammeln!« »Jetzt?« »Klar!« Ist natürlich im Dunkeln nur was für Profis. Ich muss Herrn Taxifahrer ja nicht gleich auf die Nase binden, dass ich nach fliegenden Untertassen Ausschau halten will. »Was sammeln Sie denn für Pilze!« Keine Ahnung. Arschlochpilze. Ich kenne mich da nicht so aus. Herr Taxifahrer soll sich auf die Straße konzentrieren. »Champignons!« Dass einen die Leute nie in Ruhe lassen können. »Champignons? Oha, das hört sich gefährlich an. Da greifen sie sich mal nicht aus Versehen den Knollenblätterpilz!« »Ja!« Keine Sorge, Chef. Der Typ scheint was von Pilzen zu verstehen, das hätte ich jetzt nicht gedacht.

Wir fahren quer durch die Stadt. Bis zum Waldrand. Ob Mia schon zu Hause ist? Die hat nicht mal von unterwegs aus angerufen. Das ist sehr merkwürdig. »Wo soll ich Sie denn rauslassen?« Na, am Waldrand natürlich, war doch so abgesprochen, oder nicht? »Ich weiß nicht. Vielleicht da, wo Sie am besten halten können!« Das wird teuer. Schon fünfzig Mark auf der Anzeige. Ein

Fünftel von einem Airmax. Und zurück muss ich auch wieder. Noch mal fünfzig Mark. Zwei Fünftel von einem Airmax. Super Idee. Woher soll ich nachher eigentlich ein Taxi für die Rückfahrt bekommen? »Können Sie da am Waldrand auf mich warten?« »Was?« Ist der schwerhörig? Das ist aber nicht gut, wenn man Taxifahrer ist. Da muss man doch ein gutes Gehör haben. »Ob Sie am Waldrand auf mich warten können?« »Das kostet aber!« »Macht nichts!« »Wie lange denn?« Himmel, weiß ich, wann das Ufo landet? »Keine Ahnung!« Das kann lange dauern. Was soll's? Ufos sieht man eben nicht alle Tage. »Ich warte aber nicht bis morgen früh!« Mann, o Mann, hoffentlich nehmen mich die Marsmännchen mit nach oben. Da kann Herr Taxifahrer lange hier rumstehen und sich fragen, wo ich bleibe. »Huhu, Herr Taxifahrer, ich bin hier oben!« Der soll sich seine Benzinpreise in den Arsch stecken. Ich mache es mir bei den grünen Männchen gemütlich. »Los Jungs, lasst uns 'ne Runde knobeln!«

Meine Güte, ist das duster hier. Da sieht man nicht mal die Hand vor Augen. Und stolpert über Stock und Stein. Genauso war das damals mit Ingrid. In schwarzer Nacht haben wir auf einer Baumwurzel rumgehockt und mit den Zähnen geklappert, weil wir uns nicht nach Hause getraut haben. Eine Taschenlampe wäre jetzt angesagt. Daran habe ich in der Eile natürlich nicht gedacht. Für eine sorgfältige Planung war mal wieder keine Zeit. »Bloß weg von der dummen Lilly!« Aber so kann ich besser mitbekommen, wann sich eine fliegende Untertasse nähert. Die haben bestimmt so Laserstrahlen an ihrem Flugobjekt. Durch den dunklen Morast hin zum gleißenden Licht.

Wer sagt's denn! Da vorne sind zwei Strahler. »Jungs, ich komme!« Ist gleich viel mehr zu erkennen. Baum, Baum, Baum. Strauch. Baum, Baum. Jetzt habe ich leider gar kein Geschenk für die. So ein Mist! Die hätten sich bestimmt über ein Glas Nutella gefreut. Jeder mag Nutella. Auch Marsmännchen. Damit hätte ich die lässig auf meine Seite ziehen können. »Ich komme in friedlicher Mission. Ich habe Nutella dabei!« Erst der Fehler, ohne Taschenlampe aufzubrechen, jetzt das fehlende Präsent. Ich merke schon, solche Unternehmungen müssen besser organisiert werden. »Jungs, der Erdling hat uns Nutella mitgebracht!« Das wär's gewesen. Was mache ich denn jetzt? »Lass dich umarmen, Erdling!« Ich kann doch nicht einfach mit leeren Händen an deren Pforte klopfen. »Hast du uns was mitgebracht?« »Leider nein!« »Dann bist du unser Feind!« Und schon kriege ich einen schockigen zweiten Kopf auf die Schulter gepflanzt. »Lars, du Arschloch, dachtest du, du kannst dich einfach verpissen?« O Gott. Ich habe Mias Birne auf meiner Schulter kleben. »Das hast du davon, wenn du uns keine Geschenke mitbringst!« Ganz schön knifflige Situation. Wenn es hart auf hart kommt, kann ich den kleinen Piefköppen immer noch meine alten Airmax anbieten. »He Jungs, der Erdling hat uns Airmax mitgebracht!« Da flippen die Männchen vor Freude aus. »Gnade! Du sollst unser Herrscher sein! Gnade! Lang lebe unser König!«

Ich fasse es nicht. Die haben mich reingelegt. Das ist nur ein stinknormales Scheiß-Auto mit volle Pulle Scheinwerfer an. Mitten im Wald. Was soll denn die Verarschung? So haben wir nicht gewettet. Das gibt Ärger. Man kann sich doch nicht einfach so mit seinem Auto in den Wald stellen und einen auf Ufo machen. Da klopfe ich gleich mal an die Scheibe. »Hallo, aufmachen, Sondereinsatzkommando!« Nein. Doch lieber erst mal vorsichtig ranpirschen und durchs Seitenfenster gucken. Man weiss ja nie. Sieht übrigens fast wie Mias Karre aus. Die hat auch so einen alten roten Golf. »Mia, bist du's?« »Lars, was machst du denn hier im Wald?« »Das wollte ich dich gerade fragen!« Die Fenster sind feucht beschlagen. Da kann man gar nicht erkennen, was drinnen vor sich geht. Vielleicht von der anderen Seite. Schön leise sein. Bloß nicht auf so ein vorwitziges Stöcklein treten, das dann höllisch laut kracht. Solche Anpirschaktionen gehören zu jeder ordentlichen Rekrutenausbildung. »Leise, Kameraden. Ein falscher Schritt, und unsere Mission ist im Eimer!« »Auf den Boden, Männer!« Fast wäre mir mein kleines Herzchen stehen geblieben. Der Penner da drinnen kann doch nicht einfach den Motor anstellen. O Gott. Erst mal tief durchatmen. Vor lauter Schreck habe ich mich platt auf den Boden geworfen. Und was habe ich zwischen den Griffeln? Eine dicke fette Nacktschnecke. »Lass mich los, du Mensch!« Na, gute Nacht. Ich will unbedingt nach Hause. Das macht hier alles gar keinen Spaß.

Ich werde mich einfach nicht mehr bewegen, bis die Leute weggefahren sind. Warum verschwinden die denn nicht? Ich kann hier doch nicht die ganze Nacht liegen bleiben. Morgen früh werde ich von dreihundert Nacktschnecken zugedeckt sein. Das ertrage ich nicht. »Los, Männer! Unsere Mission ist noch nicht zu Ende!« Also, weiter. Ich wechsel echt den Job. Das geht hier ja richtig an die Substanz. »Heda! Hier wird nicht genörgelt!« Was für ein Drill. »Los, Objekt weiter observieren!« Ich mach ja schon. »Sör, Meldung negativ, Sör! Keine Möglichkeit, ins Innere des Objektes zu spähen, Sör!« Ich glaube, ich trenne mich von der Gruppe. Sollen die sich doch die Kehlen durchschneiden lassen. Da drinnen sitzt bestimmt ein Massenmörder, der einem die Haut abziehen will. »Du hast aber schöne, weiche Haut. Daraus nähe ich mir ein fesches Kleidchen!« Vielen Dank, kann ich echt drauf verzichten.

»Sör, habe auffälligen Sticker an linkem Kotflügel entdeckt, Sör!« Leute, das ist tatsächlich Mias Karre. Das ist ihr Aufkleber. STELLT EUCH VOR, ES IST KRIEG, UND KEINER GEHT HIN. »Sör, habe Meldung zu machen, Sör!« Ich fasse es nicht, was macht Mia denn im Wald, mit laufendem Motor? »Was gibt's, Rekrut?« »Sör, glaube, Subjekt im Objektinneren identifizieren zu können, Sör!« Für die Info heimse ich glatt einen Orden ein. »Raus mit der Sprache, Rekrut!« Die werden mich nach diesem Feld- und Wieseneinsatz zum Oberst befördern. »Sör, das ist Mias Wagen, Sör!« Was macht die Tante bloß hier? Hat die bei der Dunkelheit keine Angst? Vielleicht hat sie deshalb den Motor laufen, damit sie schnell wegfahren kann, falls es brenzlig wird. »Dann brechen Sie verdammt noch mal die Tür auf!« »Jawohl, Sör!« Oder ist die gerade dabei, sich zu vergasen? Da hätte ich doch auch noch ein Wörtchen mitzureden. Schließlich wohnt man ja zusammen.

»Oh, Verzeihung!« Bloß schnell weg hier. Das ist ja jetzt peinlich. Die dumme Mia saß gar nicht in der Karre. Typisch, die Tante muss mich natürlich wieder in so eine Scheißsituation bringen. »Oh, Verzeihung!« Da hockte ein blödes Pärchen drin und hat Schiffeversenken gespielt. Er unten, sie oben. Meine Herren, haben die mich fassungslos angeglotzt. »Oh, Verzeihung!« Die Tante hat sogar geschrien. »Aaaah!« Echt, so richtig am Rammeln waren die. »Sör, Meldung negativ, Sör!«

Hoffentlich steht Herr Taxifahrer noch am Waldrand. Wenn nicht, fange ich echt an zu heulen. Irgendwie läuft nichts mehr nach Plan. Alle wollen mich nur ärgern. Ich will hier weg. Das Bild von eben kriege ich nie wieder aus meinem Kopf. Wie die mich angeglotzt haben. Volle Pulle Panik. Die dachten echt, ich bin der Hautabzieher und bringe die jetzt um. Was denken die Leute eigentlich von mir? Wie kommen die auf so was? Ich bin's doch nur, Lars! Scheiße, ich habe denen den ganzen Akt versaut. »Oh, Verzeihung!« Komm, Nacktschnecke, lass uns gehen.

6

Als ich durch die Vordertür zum Sexy Stretch reinkomme, ist Lilly nicht mehr da. Dafür schlägt mir eine Wolke miefige, verbrauchte Luft entgegen. Vielleicht ist der Schlüsseldienst tatsächlich noch gekommen.

Auf der rotbeleuchteten Tanzfläche hängen ein paar dünne, bleiche Typen in großen T-Shirts und großen Hosen herum und schlackern mit ihren langen, kraftlosen Armen. Es ist ein Bild des Jammers. Auf dem roten Sofa, auf das mein Bruder heute Nachmittag gekotzt hat, hocken drei aufwendig zurecht gemachte Mädchen. Wenn die wüssten! Ich wette, die würden da nicht so seelenruhig rumhängen und einen auf unantastbar machen. »He, Mädels, da hat mein Bruder vorhin hingegöbelt!« Das wäre mal eine ganz spannende Aktion. »Ih! Wo? Klebt was an meinem Kleid?« Das würde direkt zu meinem Amüsement beitragen. Vielleicht wage ich die Nummer. Lust hätte ich allemal darauf. Die machen echt einen auf extra cool, haben ihre Perlonbeine lässig übereinander geschlagen, und ihre Augenlider hängen auf halb acht. Sehr mondän! Bestimmt pennen die gleich ein. »He, Mädels, aufgewacht!«

Das war ja klar! Doofmann-Mario zappelt hinter dem

DJ-Pult rum und macht einen auf Mega-Plattenaufleger. »He, Leute, ich bin der Typ, der hier für den heißen Rhythmus sorgt!« Der legt das heilige Vinyl von meinem Bruder auf und grapscht dabei mit seinen ungewaschenen Pfoten auf die Rillen. Wenn mein Bruder das sehen könnte, würde er Quasimodo auf der Stelle zu Kleinholz verarbeiten. Und welcher Idiot hat, bitte schön, die Bierflasche auf dem Boden abgestellt? Danke, dass ich darüber stolpern darf. Macht nicht gerade einen guten Eindruck, wie ich versuche, das Gleichgewicht zu halten. Mario ist schuld. Der ist gerade sowieso an allem schuld.

Ich marschiere gleich mal rüber und mache den komplett fertig. Wenn der nachher im Bettchen liegt, soll dem immer noch richtig angst und bange sein. »Mein Bruder bringt dich um!« »Was?« Total losermäßig, wie der sich die Kopfhörer von den Ohren zieht. Der holt sich bestimmt in jeder freien Minute einen runter. Hässliche Typen holen sich immer in jeder freien Minute einen runter. Als Ausgleich oder so. Voll zwanghaft! »Mein Bruder bringt dich echt um, wenn er aus dem Krankenhaus raus ist!« »Dein Bruder kann mich mal!« Hey, hey, Quasimodo ist hundert Prozent auf Höhenflug eingestellt. Sieh einer an. »Du bist echt erbärmlich, Mario!« Der kratzt volle Pulle die Diamantnadel über das Vinyl. Da halten sich sogar die Trinen auf dem Sofa die Ohren zu. »Go home, Lars!« Jetzt reicht's mir aber! Gleich drehe ich dem den Hals um. Oder zwinge ihn, die Sexy Stretch-Kloschüssel leer zu trinken. Aber den Spaß will ich meinem Bruder nicht nehmen. Das würde er mir garantiert verübeln. Außerdem finde ich so einen kleinen Höhenflug von Dirty-Mario auch mal ganz spannend. Soll er doch seinen Mega-Mix auflegen. Vielleicht verschieben sich die Verhältnisse im Sexy Stretch doch noch mal, und mein Bruder wird zum Untertan. »Tschau, Mario!«

Jetzt aber durch die Küche in den Hof geflitzt. Ich gehe sonst noch an einer Rauchvergiftung zugrunde. Jeder Affenarsch da drinnen hat einen Glimmstengel in der Hand. Dass die sich keine Sorgen um ihre Lungenbläschen machen. »Guten Abend, Herr Glasaugenkoch.«

Der Hinterhofhimmel ist wolkenlos und mit ein paar Sternen bestückt. Wenn hier mal einer auf die Idee käme, einen Strahler zu installieren, hätten die kleinen Mädchen-Engel da oben die berauschende Chance, einen Blick auf mich zu werfen. »Guckt mal, Mädels, der süße Typ da unten!« Das könnt ihr voll knicken, meine lieben Flatterflügel. Auf dem Hof ist totale Finsternis angesagt. Genau wie vorhin im Wald. Das kann ins Auge gehen, wenn man sich hier nicht so gut auskennt wie ich. Da ist man schneller die Kellertreppe runtergeflogen, als einem lieb ist. So einem bekifften Besucher aus dem Sexy Stretch ist das mal passiert. Erst am nächsten Morgen hat mein Bruder den gefunden. Der Typ war komplett kaputt. »Aua!« Welcher Idiot stellt mir denn sein Moped in den Weg? Ich bin da mit voller Wucht reingerannt. Mario. Das ist Marios Chaise. Na warte, Kerlchen. So läuft das nun auch wieder nicht. Bis zu einem gewissen Grad akzeptiere ich deine Unternehmungen ja noch. Aber irgendwann ist auch mal Schluss. Schon tausendmal hat mein Bruder dir erklärt, dass das Moped am Treppengeländer angeschlossen wird. Jetzt sind leider Sanktionen angesagt. Auch wenn's schwerfällt. Ein bisschen müssen Brüder ja schließlich zusammenhalten. Ich mache dem Mega-DJ eine hübsche Delle ins dunkelblaue Schutzblech. Und jetzt noch mal volle Wucht auf die DJ-Maschine eingetrampelt. Das tut gut. Sternenklare Nacht. Vom Himmel leuchtet es blau herunter. Total romantisch. Ich glaube, Mia mag solche Nächte auch ganz gerne.

Oben in meiner Wohnung ist das Licht aus. Wahrscheinlich schläft Mimi-Mia schon. Hoffentlich. Der möchte ich nicht mehr im wachen Zustand begegnen. Die hat mich vorhin im Wald richtig in die Scheiße geritten. »Oh, Mia vergast sich gerade in ihrer Karre. Da muss ich eingreifen!« Mein Leben habe ich für diesen kniffligen Sondereinsatz riskiert, und dann so was. »Aaaah!« Voll schockiert hat mich dieses versaute Pärchen angesehen. Das werde ich Mia nie vergessen. Eine richtig peinliche Aktion. Bei Lotter-Lilly ist ebenfalls kein Licht an. Vielleicht schnarcht sie auch schon in süßen Träumen? Alle sind am Schlafen. Nur ich nicht. Nicht mal die Marsmännchen wollten mir Asyl gewähren. »Jungs, guckt mal, der Idiot da unten, der will sich uns aufdrängen! Den nehmen wir nicht mit!« Die sind mit ihrem Raumschiff einfach weitergeflogen. Hätten ruhig mal eine Strickleiter für mich runterlassen können. »Los, komm hoch, Lars!« Mist. Dann penne ich eben in meinem Bett, auch wenn da die Nervtante schon auf mich wartet. »Da bist du ja endlich!« Sobald ich neben ihr in den Kissen liege, wickelt sie ihre Fangarme um mich, saugt sich an mir fest, und ich kriege keine Luft mehr. »Marsmännchen, ihr seid echt gemeine Arschlöcher!« Was hätten wir für Spaß haben können!

Jetzt aber flott ins Hinterhaus und die Treppe hoch. Immer zwei oder drei Stufen auf einmal nehmen. Damit nicht noch einer mitkriegt, dass ich der Mopedzerschrotter bin. »Der da war's!« Darauf hätte ich ja überhaupt keinen Bock. »Legt ihn in Ketten und werft ihn in den Kerker!« Bloß nicht. Da ist es dunkel, und fiese Pestratten knabbern einem an den Sandalen. Vielleicht träumt Lilly ja von mir. »Reich mir deine Hand, Lars! Ich zeige dir den Weg ins Paradies!« Türschloss auf, Klinke runter, Airmax aus. Die packe ich in den obersten Karton. Ich brauche jetzt ein ganz altes Exemplar, in denen ich mich so richtig schön zu Hause fühle. »Hallo, kleine Airmax, ich bin wieder da!« Wenn man sich einsam fühlt, ist es wichtig, sich mit bekannten Dingen zu umgeben. Ich kenne mich da aus. »Hallo, Papi!« Meine Airmax haben mich schon über schlimmste Einsamkeitsanfälle hinweggerettet. Da sind die Füße so warm und sicher.

Mal gucken, ob bei Lilly nicht wenigstens die kleine Nachttischlampe brennt. Leise, ganz leise durchs Zimmer schleichen, damit Mimi-Mia nicht aufwacht. Die tanzt doch sofort hier rum. »Was machst'n du da? Warum kommst du denn nicht ins Bett? Wo warst du denn so lange. Ich hab auf dich gewartet!« Bestimmt hat sie nur ihr Hemdchen an und drückt sich mit so einem beleidigten Mädchenausdruck an mich und will Liebe. Am ganzen Körper streicheln. Zungenküsse und in den Po pimpern. Eben das ganze Programm. Das käme mir jetzt wirklich nicht gelegen, schließlich will ich wissen, was mit Love-Lilly los ist. So ein Mist! Drüben bei der Lady ist echt alles dunkel. Rein gar nichts kann man erkennen. Vielleicht träumt die wirklich von mir. »Da, Lars, diesen roten Apfel habe ich für dich gepflückt!« Kann doch sein. »Danke, Lilly!« Irgendwie ein komischer Gedanke. Ich stehe im dunklen Wohnzimmer, drücke mir die Nase an der Scheibe platt, und Sugar-Baby träumt von mir. »Oh, Lars, lass uns diesen saftig-grünen Hain durchwandeln!« Ein Nachtsichtgerät müsste man haben. Das beamt sich dann durch die Dunkelheit, wie ein Tunnel durch den Berg, und am Ende des dunklen Tunnels schläft Lilly süß in ihrem Bettchen. Und ich neben ihr.

Am schönsten ist sowieso, einem Menschen, den man wirklich liebt, beim Schlafen zuzusehen. Dann kann man so nett rumfantasieren und sich wünschen, dass all die tollen Träume Wirklichkeit werden. »Lass uns am Meer eine kleine Bambushütte bauen!« Man sieht den anderen im blauen Licht der Nacht an und hört ihn ruhig und regelmäßig atmen, ein und aus, wie kleine Wellen, die sich am Sandstrand brechen. Honeys Augenlider zucken zaghaft, und ich wünsche mir nichts sehnlicher, als sie bis zum Lebensende an meiner Seite zu behalten. »Leg dein Ohr auf meine Brust, Honey, und hör mein Herz schlagen. Es sagt: ›Ich liebe dich!‹«

Alles ist dunkel. Nicht mal Lillys kleine Nachttischlampe brennt. Keine Sonne mit Palme am anderen Ende des dunklen Tunnels. Da muss ich schon die Morgendämmerung abwarten, bis meine Äuglein wieder Durchblick haben. Aber so lange halte ich es nicht mehr aus. Inzwischen bin ich ein bisschen müde geworden. Schließlich ist heute viel passiert. Da muss man sich zwischendurch mal ausruhen, um ein wenig zu verarbeiten. Sonst läuft man noch Amok und ballert alles nieder. Vorher gehe ich aber noch in die Küche und trinke einen Schluck Wasser. Drüben, bei meinem schmierigen Nachbarn, ist auch alles dunkel. Überall ist es dunkel. Die ganze Welt ist dunkel. Nur in meiner Küche brennt Licht, und das kalte Wasser läuft meine Speiseröhre bis in den Magen hinunter. In diesem Universum muss doch irgendwo noch ein Lämpchen brennen. Dort, wo es keiner mehr erwartet. Dort, wo unsere Vorstellungskraft aufhört. Ich bin mir sicher, irgendwo brennt ein Lämpchen. Warm und hell. »Liebes Lämpchen, sprich zu mir!«

Na, wer sagt's denn? Bei meinem Räucherstäbchen-Baby geht die Schlafzimmertür auf, und eine Lady mit langen Flusen schiebt sich als dunkler Umriss herein. »Los, Sugar, knips die Funzel an!« Jetzt folgt ein größerer, breiterer Umriss. Das Licht geht an. »Gut gemacht, Sugar!« So haben wir es gerne. Mein perverser Nachbar blinzelt im himmelblauen Strampelanzug ins grelle Licht und hält seine Spielmama mit den langen, braunen Haaren an der Hand fest. Leute, jetzt geht hier gleich ein Schauspiel vom Feinsten los. »Bitte, nehmen Sie ihre Plätze ein!« Die beiden haben echt nicht mehr alle Tassen im Schrank. Das Riesenbaby packt sich aufs Bett, hebt seine Beinchen in die Luft und steckt sich den Daumen in den Mund. »Ach Gott, wie süß!« Die Mama beugt sich über ihr Kleines, knöpft den Hosenlatz auf und wickelt ihm eine riesige Windel um. »So, mein Mäuschen, jetzt kannst du wieder tüchtig Kacka machen!« Das kleine Knuddelchen klatscht vor Freude in die Hände, und Mami hockt sich lieb daneben. Das glaubt mir doch wieder kein Mensch. Videokamera an! Langhaar-Lady hievt den schweren, blauen Klumpen auf ihre Knie und öffnet ihren weißen Kittel. »Trink mein Mäuschen, trink!« Das sieht man doch von hier, dass da nichts zu holen ist. Total flachbrüstig, die Lady.

Jetzt aber mal schnell Licht ausknipsen. Nicht, dass mich noch das närrische Baby entdeckt. »Mami, Mami, da beobachtet uns jemand!« Da wäre das Happening gleich wieder vorbei. Oder die lassen ganz billig die Jalousien runter. Wäre echt ärgerlich. Wobei ich mich frage, warum ich es so dringend nötig habe, mir mitten in der Nacht die Albernheiten meiner Nachbarn reinzuziehen.

6

Mister Riesenbaby sitzt mit krummen Beinchen in seinem Laufstall und schlägt mit der Rassel wie ein autistisches Kind gegen die Gitterstäbe. Ununterbrochen. Das muss einen höllischen Lärm machen. Lärm kann ich überhaupt nicht gut ertragen. Mia hat auch solche Geschichten drauf. Wenn ich zum Beispiel ruhig am Tisch sitze und ein bisschen in meinen Fotobüchern blätter, kommt sie an, pflanzt sich vor mich hin und klopft mit ihrem fetten, silbernen Fingerring auf meine unbehandelte Holztischplatte. Manche Menschen haben wirklich kein Gespür für Ruhe und Harmonie. Natürlich will Honey in solchen Momenten meine Aufmerksamkeit, weil sie sich wieder übergangen fühlt. Aber wie kann ich ihr Aufmerksamkeit schenken, wenn ich sie gerade für ein paar selige Minuten vergessen will?

Jetzt hat die Mami da drüben die Nase gestrichen voll. Mit ihrem kurzen weißen Kittelchen steigt sie ins Ställchen, dreht das blaue Paket um und macht volle Pulle Popoklopfen. »Böses Kind, böses Kind!« Das Baby schreit und schreit, und wäre mein Nachbar ein echtes Baby, würde ich auf der Stelle die Polizei rufen. »Guten Tag, ich möchte etwas melden!« Die Mama scheint richtig Wut im Bauch zu haben. So was würde ich auch gerne mal mit Mia machen. Sie einfach übers Knie legen und ihr die Flausen rausprügeln. »Böses Kind, böses Kind!«

Jetzt hat das Baby genug von dem Geprügel und rupft der Mami die schönen, langen Haare vom Kopf. Wie ein frischer Skalp baumelt das Gewölle in der erhobenen Riesenbabyhand. Das Spiel ist aus. Wie zwei begossene Pudel hocken die beiden Schwachköpfe in dem Laufställchen. Sieh einer an. Lotter-Lilly verbirgt sich hinter der geheimnisvollen Brünetten. Ihre Fratze kam mir doch gleich so bekannt vor. Lilly, Lilly, Lilly, was für eine Enttäuschung. Die erbärmliche Lilly-Lady fummelt in ihrer Kitteltasche herum, zieht eine Schachtel Zigaretten hervor und zündet sich und dem Baby eine an. »Kannst mir auch gleich eine rüberwerfen!«

Oder ich gehe doch lieber sofort ins Bett. Das hält man ja im Kopf nicht aus. Mia liegt eng an die Wand gedrückt auf ihrer Seite vom Lager und atmet so leise, dass man denken könnte, sie sei tot. »Hallo, Mia, bist du tot?« Schön vorsichtig hinlegen und noch ein bisschen die Äuglein offen halten. Draußen im Flur stehen meine alten Nike Airmax im blauen Schimmer der Nacht. Alleine, ohne die Wärme meiner Füße. Ohne Vater und ohne Mutter. Da kann man ja richtig melancholisch werden. Bloß schnell einschlafen und zu Ingrid und ihren Löcherstrümpfen wegträumen.

7

Ich liege schön ausgebreitet im Bett, und diesem frechen Telefon fällt nichts Besseres ein, als Sturm zu klingeln. »Guten Morgen, Lars, ich klingel! Nimm bitte meinen Hörer ab!« Welcher Volltrottel wagt es, mich so früh zu wecken? Die Leute haben einfach keinen Anstand. Dann wollen wir mal die verklebten Äuglein aufklappen und verschlafen rumblinzeln. Bestens, Mia ist schon wieder weg. »Halt die Schnauze, Telefon, ich komme ja schon!« Wie süß, auf meinem Tisch im Wohnzimmer wartet ein Zettel auf mich, mit tausend Grundschulherzen und Grundschulsternen verziert. »Bin beim Sport. Ich liebe dich! Deine Mimi-Mia!« Meine kleine Mia malt mir immer so hübsche kleine Briefchen. »P. S. Mein Auto ist geklaut worden!« Hoppla. Das ist ja was. Das hätte ich eher wissen müssen, dann wäre mir der Albtraum von gestern Abend erspart geblieben. Und dann auch noch dieses nervige Rumgeklingel. Bestimmt ist es die Tante. »Hast du mich noch lieb?« Die will mich garantiert auf heute Abend festnageln. »Lass uns doch mal was Schönes zusammen unternehmen!« Darauf habe ich ja überhaupt keine Lust. »Ich würde ja gerne, aber ich habe leider keine Zeit!« Stimmt sogar. Ich muss noch die schäbigen Flyerfotos machen. Da kann ich ganz getrost den Hörer abnehmen. »Hallo?« Sonst quakt die mir noch aufs Band.

»Hallo, hier ist Sven!« Auch das noch. »Hi, Svenni!« Mister Langweiler höchstpersönlich. »Wollen wir einen Kaffee trinken gehen?« Der will doch bloß nicht alleine mit seinem Hund rausgehen. »Nee, ich hab leider keine Zeit!« Dem opfere ich echt nicht mein letztes Stündchen Freizeit. Der ist Medizinstudent. Hockt den ganzen Tag zu Hause rum und weiß nicht, was er mit sich anfangen soll. »Komm schon, nur für eine Stunde!« Das kann der Penner voll abhaken. »Nee, echt nicht!« Früher fand ich den ja noch ganz amüsant. Da ist er öfter mal richtig cholerisch geworden und hat sich wie ein Irrer aufgeführt. Aber inzwischen lamentiert er nur noch über sein langweiliges Leben rum. »Ich will 'ne Freundin haben!« Der Typ ist wirklich nicht abendfüllend. »Was is'n los mit dir?« Mit mir? Nichts ist mit mir los. Was ist das denn für eine piefige Frage? Macht der hier einen auf Psychologe, oder was? »Ich spüre doch, dass mit dir was nicht stimmt!« Recht hat er. Gleich flippe ich aus, wenn er mir weiter so seicht von der Seite kommt. »Nichts ist!« Sieh mal einer an, Mia hat gestern abend David Bowie gehört. Die CD-Hülle liegt noch auf dem Rekorder. Sie mag den doch gar nicht. »Lars, bist du noch dran?« Die wühlt einfach in meinen CDs rum. So was habe ich gar nicht gerne. Das ist mein Privatbereich. »Lars?« Merkt der nicht, dass ich mit meinen Gedanken gerade ganz woanders bin? »Ja?« »Kommste jetzt mit oder nicht?« Mein

Kumpel Sven ist echt schwer von Kapee. Ich habe doch wohl deutlich gesagt, dass ich keine Zeit habe. Manche Menschen können einfach bestimmte Entscheidungen nicht akzeptieren. »Ich würd total gerne, aber ich hab noch was zu erledigen!« Mia hat echt David Bowie gehört. Was ist denn mit der los? Vielleicht hat sie endlich gerafft, dass der Kerl doch was drauf hat, und dass das exzellente Selbstmordmusik ist. »Hast du dich mit Mia gestritten?« »Nein! Du kannst sie trotzdem haben!« »Ist das dein Ernst?« »Ja!« Sven will Mia geschenkt haben. Der ist echt ein Idiot. Soll er sich doch ein Mädchen kaufen, wenn er sich so mit seinem Hund langweilt. Wo leben wir denn? Obwohl, mit Mia würde ihm bestimmt nicht langweilig werden. Die hat ja immer was zu meckern. Davon weiß Sven natürlich nichts. Der hat keine Ahnung, was ich da für eine tolle Tante an der Angel habe. Außerdem liegt mein Bruder im Krankenhaus, und meine Nachbarin macht blöde Perückenspielchen mit meinem Sackgesicht-Nachbarn. »Mach's gut, Sven!«

Die Sonne blutet in roten Farben in meine Gemächer. Am besten wälze ich mich erst mal auf dem Fußboden herum. So als Übersprungshandlung. Die strahlenden Flächen wärmen meinen nackten Körper, und die feinen Staubkörnchen drücken sich vorwitzig in meine Haut. Da kann ich gleich noch mal die Lider schließen und einen auf abgedriftet machen. Ingrid und ich plantschen in dunkelblauen Frottee-Unterhosen im Swimmingpool herum. Wir springen immer wieder von der Schaukel ins

Becken, obwohl wir das nicht sollen, weil wir ganz viel Gras an die Füße kriegen, wenn wir aus dem Wasser steigen und zur Schaukel laufen. Wir machen es aber trotzdem, klettern auf die Schaukel, springen rein, nehmen das Gras unter den nackten Füßen mit und machen aus dem blitzsauberen Pool einen Tümpel. Meine Mutter klopft von drinnen gegen die Küchenscheibe und wedelt mit ihrem Zeigefinger. Also hören wir auf, ins Wasser zu springen, und Ingrid fängt an zu tauchen. Ich darf nicht tauchen, weil ich als kleines Kind ein Loch im Trommelfell hatte, und darum ist es gefährlich zu tauchen. Das Wasser könnte in den Gleichgewichtskanal gelangen, und ich würde automatisch die Orientierung verlieren und blöde im Wasser herumtreiben. Also taucht nur Ingrid unter, schwimmt wie ein Fröschlein unter meinen Beinen durch, tritt mir dabei gegen Knie und Schienbein, kommt wieder hoch und lacht und tunkt mich kurz unter. Ich strampel mit Armen und Beinen und denke: »Ich darf nicht unter Wasser! Ich darf nicht unter Wasser! Ich darf nicht unter Wasser!« Ich tauche wieder auf, schnappe nach Luft, und meine Mutter klopft schon wieder an die Scheibe, weil sie Angst um meinen Gleichgewichtssinn hat. Aber alles ist in Ordnung. Ich zeige Ingrid den Mittelfinger, und dann werfe ich mich auf sie und drücke sie etwas länger nach unten. Ingrid spielt toter Mann, bis meine Mutter im weißen Bademantel ankommt, mit ihrer weißen Badekappe auf dem Kopf, und sagt, dass wir lange genug im Wasser waren. Wir sollen uns abtrocknen, in den Keller gehen und ein Capri essen.

Bibbernd ziehen Ingrid und ich uns aus dem Becken, laufen mit umgeworfenen Handtüchern über den Rasen und die Kellertreppe runter, direkt zur Eistruhe. Im Hobbykeller drücken wir uns auf den Matratzen mit unseren nassen Handtüchern aneinander und genießen die Kälte, die uns von innen und außen umgibt. Irgendwann wollen wir beide mal, in warme Felle eingehüllt, mit dem Schlitten über den Nordpol gleiten. Das war Ingrids Idee, und ich finde sie prima. Wir schließen die Augen und hören den weißen Schnee unter den Kufen knirschen. Der Mann auf dem Bock kennt sich am Nordpol gut aus. Wir können ihm vertrauen, die Augen schließen und die Hunde laufen lassen. Der Schlitten fliegt über die weiße Ebene, und Ingrid und ich liegen in unseren kuscheligen Fellen, halten uns an den Händen und freuen uns über den klaren Sternenhimmel über unseren Köpfen.

Als wir gerade so richtig schön am Zittern sind, kommt schon wieder meine Mutter im Bademantel und Turban dazu und sagt, wir sollen uns ganz schnell mal was Trockenes anziehen. Außerdem ist Sven gerade gekommen. Meine Mutter wirft Ingrid und mir unsere Klamotten zu, und eigentlich sind wir ganz froh, dass wir was zum Anziehen kriegen, weil es langsam schon ungemütlich wurde. Dann tritt meine Mutter beiseite, und Sven steht da, im hellen Flurlicht, mit einer LP unter dem Arm. Pink Floyd – Whish you were here! Die hat er sich heimlich von seinem alten Vater ausgeliehen, und Sven sagt, die ist gut. Also packen wir uns zu dritt unter Kim Wilde und hören die ganze Platte ein paarmal durch, bis es spät wird und Sven los muss, um mit seinem Hund pissen zu gehen. Sven sagt: »Ich hasse Hunde. Irgendwann erschieße ich den Köter!«

Mich wundert, dass Sven seinen Hund nicht tatsächlich unter das nächste Auto getrieben hat. Der war nämlich absolut der kränkste Typ in der Sackgasse. Während alle anderen versucht haben, gut miteinander auszukommen, hat Sven sich wichtig gemacht und rumgelogen, dass es in Spanien so große Regentropfen gibt, die einen erschlagen können. Da haben wir Sven alle einen Vogel gezeigt und gesagt, dass er nicht mehr alle Tassen im Schrank hat und dass er aufhören soll, uns mit seinem Müll zu langweilen. Er ist dann immer richtig wütend geworden. Besonders schlimm wurde es, wenn seine Bonanza-Kunststücke nicht so geklappt haben, wie er es gerne gehabt hätte. Dann hat er angefangen, die Mädchen mit Springseilen zu verdreschen. »Haut ab, ihr Arschlöcher!« hat er gebrüllt und ist auf die kreischenden Rüschenröcke losgerast, die uns vom Straßenrand aus zugesehen haben. »Aua, aua, aua!« haben die geschrien, weil das ziemlich wehtut, wenn man so einen Holzgriff vom Mädchenspringseil gegen den Schädel geklatscht bekommt. So richtig Schiss haben wir aber erst gekriegt, wenn er mit seinen Dartpfeilen aufgetaucht ist. Damit hat er sich zuerst in den Zähnen rumgebohrt und uns anschließend wie Frischwild über den Wendeplatz gehetzt. »Ich jag euch Schrot in die Eingeweide!« hat er gebrüllt und uns mit den Pfeilen beschossen. Einmal hatte er Ingrid ziemlich tief an der Wade erwischt. Die strauchelte, hüpfte und taumelte mit diesem hässlichen, dreckigen Pfeil im nackten Bein und konnte gar nicht mehr schreien, so erschrocken war sie.

Niemand konnte Sven stoppen, wenn er auf seinem Trip war. Ich glaube, Sven fühlte sich einfach vom Leben verarscht, weil er der einzige war, der keine Geschwister hatte, und seine Eltern hatten auch schon ein paar mehr Monde auf dem Buckel. Darum haben sie ihn so richtig verwöhnt, sind mit ihm nach Spanien geflogen und haben ihm all seine Wünsche erfüllt. Deshalb hat er auch diesen dämlichen Hund bekommen. Am Anfang hat er wohl hoch und heilig und indianerehrenwortmäßig versprochen, den auch lieb zu haben. Aber je länger er den hatte, desto größer wurde seine Wut auf ihn. Es war klar: Irgendwann läuft Sven Amok. Das hat jedenfalls meine Mutter einmal beim Abendessen gesagt. Ich habe das gleich weiter an Sven gegeben. »Du läufst bestimmt bald Amok!« Sven hat die Augen bis zum Anschlag aufgerissen. »Wer sagt das?« »Meine Mutter!« Am nächsten Tag stand Svennis Mutter vor unserer Haustür und hat zu meiner Mama gesagt, sie soll sich lieber um ihren Scheiß und ihren missratenen Sohn kümmern, ihr Kleiner würde jeden Tag zigmal beweisen, dass er ein Herz hat.

»Sehen sie doch, wie liebevoll der mit seinem Hund umgeht!« Na ja. Aber sonst war das ja ganz nett mit Sven. Vor allem, wenn er heimlich Platten von seinem Vater angeschleppt hat.

Durchstrecken und wieder voll durchstarten. Schließlich kann ich nicht den ganzen Tag unter meinem Tisch liegen bleiben. Hier muss was passieren, und ich weiß auch schon was. Ich gehe jetzt zum Friseur. Und zwar sofort. Ich brauche ganz dringend eine Veränderung auf meinem Kopf, wenn sich ansonsten schon nichts zum Guten wendet. Eigentlich müsste ich das vorher mit Tante Mia absprechen, aber die ist ja zum Glück nicht da. Die mag das überhaupt nicht, wenn ich aus eigenen Stücken beschließe, zum Friseur zu gehen. Mia will nämlich immer bestimmen, welche Frisur mir von ihrem Lieblingsfriseur verpasst wird. Nach diesen Haarschneideterminen sehe ich jedesmal wie ein unbedarfter Milchbubi aus. Für den Rückweg vom Friseur nach Hause, löse ich mir deshalb auch immer nur eine Kinderfahrkarte. Nee, Leute. Ich lasse mich nicht noch mal von Mia erniedrigen. Heute bestimme ich selber, was ich für einen Schnitt haben will. Auf geht's! Hose an, Airmax an und los. Immer vier Stufen auf einmal die Treppe runter.

8

Bei diesem Friseur war ich noch nie. Richtig schick ist es hier drin. »Guten Tag!« Fesch, wie das duftet. Alle Kunden hocken in schwarzen Umhängen auf schwarzen Stühlen und bekommen in schwarzen Waschbecken die Flusen gewaschen. Sieht schon wieder wie eine schwarze Messe aus. »He, Brüder euer Anführer ist da!« Gleich am Eingang kommt so ein schmächtiger Typ mit alberner Anglermütze auf mich zu. »Hi, na!« Er wickelt mich in einen dieser Umhänge und platziert mich direkt am Fenster. Jetzt kann alle Welt da draußen sehen, wie mir hier drinnen der Kopf gewaschen wird. Ich habe noch keine Ahnung, wie ich das finde, Haare waschen ist ja doch eine etwas intimere Angelegenheit. Na ja, so lange die Leute sich draußen nicht die Nasen an der Scheibe plattdrücken, geht das erst mal in Ordnung. »He, alle mal herkommen, da drinnen lässt sich so ein Satansanbeter die Zotteln spülen!« Der Anglerfritze muss mir bitte nicht so pseudomäßig in den Haaren rumfingern, der spielt hier doch nur die Empfangsdame. »Jeanette kommt gleich!« Meinetwegen, ich kenne die ja nicht. Hauptsache, es kommt jemand, der von Haare schneiden Ahnung hat. Nicht, dass ich hier rankomme, und nachher sehe ich wieder wie so ein beschränkter

Zwölfjähriger aus. Der Anglerfritze zieht sich zurück und fängt die nächste Kundschaft am Eingang ab. »Hi, na!« In den schwarzen Umhang wickeln, platzieren und durch die Haare fingern. Ziemlich blöder Job, wenn ihr mich fragt. Wie vielen Leuten grapscht der wohl am Tag in die Flusen? Total distanzlos. Draußen kann der bestimmt nicht mehr damit aufhören. Grabbelt einfach allen Passanten in den Haaren rum.

Schock. Ich habe aus Versehen in diesen schwarzgerahmten Spiegel geglotzt und habe mich gesehen. Ich sehe absolut unmöglich aus. Als hätte ich mir Rumpelstilzchens Skalp geliehen. »He, Rumpelstilzchen, kannste mir mal deinen Pelz borgen?« Peinlich. Wenn man beim Friseur rumsitzt, fällt einem überhaupt erst auf, wie bekloppt man durchs Leben läuft. Das ist wie Schuhe kaufen. Wenn ich mit meinen mittelalten Airmax zu Nike Town gehe, bekomme ich jedesmal einen Anfall. Da müssen meine mittelalten Schuhe gegen brandneue Exemplare antreten. Da ist klar, welches Paar den Kürzeren zieht. Ab in den Karton mit den alten. Für die Straße nur die neuesten Kreationen.

Jetzt aber mal los hier. Ich will einen neuen Haarputz. Einen, der Mia den Rest gibt. »Lars, du Arschloch, du warst ja ohne zu fragen beim Friseur!« Einen, der Lilly um den Finger wickelt. »Lars, mein Süßer, du siehst bezaubernd aus!« Einen, der mich zum ultimativen Ladykiller macht. »Komm her, Baby!« Da kommt ja meine Friseuse. Jeanette. Ganz in rosa. Selbst die Lippen sind pink. Sehr schöner Kontrast zu all dem Schwarz. »Holde Jungfrau, nach dem Haare schneiden wirst du geopfert!« Nur ihre Haut ist leichenblass. »Hi, na!« Aus den Boxen dröhnt Dépêche Mode, und zwar so laut, dass man sich nicht unterhalten kann. Macht aber nichts. Ich habe nämlich keine Ahnung, was hier die favorisierten Themen sind. »Was kann ich für dich tun?« Muss die so in mein Ohr brüllen? Jetzt fiept es volle Pulle in meinem Gehörgang. Richtig reingeschrien hat die in meinen Kopf. »Du wirst echt geopfert, Tantchen!« So einfach dem Anführer das Trommelfell zerstören, das tut man doch nicht. »Ich hätte gerne so einen Haarschnitt wie George Michael!« Bloß nie wieder diese Kindergarten-Frisur. Ich will aussehen wie George Michael. Mal sehen, ob es diesmal klappt. Immerhin kann mir Mia gerade nicht dazwischenfunken. »Nein, Lars! Das erlaube ich nicht!« Pech gehabt. Die dumme Nuss hat sowieso nichts mehr zu melden. Die ist echt zu blöd, um auf ihr Auto aufzupassen.

»Ja, dann würde ich sagen, färben wir am besten!« Nee, Färben finde ich doof. Ich heiße ja nicht Mia. »Lieber nicht!« Ist die Tante jetzt beleidigt, oder was? Die hat gerade einen richtigen Flunsch gezogen. Das habe ich genau im Spiegel gesehen. Mir bleibt hier echt nichts verborgen. »Dann eben nicht!« Muss ich mir von der die Härchen kolorieren lassen, nur damit das Fräulein nach Feierabend nicht frustriert nach Hause latscht? Das darf doch wohl nicht wahr sein. »Ich mache das dann einfach alles ein bisschen kürzer, ja?« Ja, so kurz wie bei George Michael. Das kann doch nicht so schwer sein.

Leute, ich habe feuchte Hände. Und da haben wir es schon. Die bleiche Jungfer schneidet viel zu viel ab. »Entschuldigung, aber ich glaube, George Michael hat nicht so kurze Haare. Die hat er doch vorne richtig zu so einer Tolle hochgezogen!« »Das sieht bei deinem Gesicht aber nicht so gut aus!« Jeanette macht, was sie will. Gleich heule ich tierisch los und überschwemme den ganzen Laden. Da kann der Anglerfritze gleich seine Angel zücken und die Nichtschwimmer unter uns aus den Fluten ziehen. »Hilfe, ich kann nicht schwimmen!« Haare sind einfach genauso wichtig wie Schuhe. Warum bekomme ich nicht einmal die Frisur, die ich schön finde? Die Tante zieht knallhart ihren Striemel durch. Nur, weil das hier so ein komischer Trend-Schuppen ist, will ich noch lange keine komische Trend-Frisur haben. Ich will aussehen wie George Michael, der hat nämlich Geschmack. Und das bleichgeschminkte Huhn weiß gar nicht, was draußen abgeht. Die denkt, nur ihr Geschmack gilt. Aber dem ist nicht so. Das ist blödes Trend-Gehampel.

Wie soll man sich denn da entspannen? Ich fühle mich hier gar nicht richtig zu Hause. Jeanette sieht total so aus, als hätte sie noch nie der Sonne guten Tag gesagt. »Guten Tag, liebe Sonne!« und schon kippt sie tot um. »Sonne, du liegst einfach nicht im Trend!« Ich bin mir sicher, die verschneidet mir mit Absicht die Haare, damit ich mich nie wieder hier blicken lasse. Am besten jetzt nicht mehr in den Spiegel gucken. Sonst habe ich noch mit Jeanette Augenkontakt. Dann laufe ich garantiert rot an.

»Meiner Freundin ist was total Schreckliches passiert!« Das ist ja nicht zu fassen. Jeanette redet mit mir. Da wage ich dann doch mal einen scheuen Blick in den Spiegel. Tatsächlich, das unberührte Fräulein redet mit mir. Ich dachte, ich bin bei der unten durch, weil sie meine Flusen nicht färben darf. Dann lächel ich ihr doch mal ganz schüchtern zu. So total ergeben. »Stell dir vor, meine Freundin, nä, die ist Weiße und ihr Freund auch.« Was soll das denn jetzt geben? Ist das hier der Ku-Klux-Klan-Salon? »Plötzlich wird sie schwanger, kriegt ein Kind, und das ist dann ein Mischling. Richtig schokobraun und total süß!« Was will die? Muss ich mir das jetzt echt anhören? »Ihr Typ macht höllisch Theater, weil das Kind ja schwer von ihm sein kann. Er ist ja, wie gesagt, Weißer und sie eben auch. Verstehste?« Ehrlich gesagt, überhaupt nicht. »Da kann das Kind kein Mischling sein. Also ist doch klar, dass sie mit einem Schwarzen im Bett gewesen sein muss!« Ich will mir das Ku-Klux-Klan-Gerede nicht weiter anhören. Das verstopft mein ganzes Hirn. Da ist schon genug Scheiße drin. Außerdem kenne ich die Geschichte, glaube ich, schon. Die Tante soll sich lieber aufs Schnippeln konzentrieren. »Ich sage dir, meine Freundin, die würde so was nie tun. Nicht, dass sie was gegen Schwarze hat, da darfste mich jetzt nicht falsch verstehen. Die hat nichts gegen

Schwarze. Aber meine Freundin, nä, das ist ne ganz Treue!« Leute, das geht mir hier gerade entschieden zu weit. Das alles interessiert mich nicht die Bohne. Ich kapiere auch nicht, warum mir die Tante so ein abgegriffenes Märchen erzählt. Hat die bei so einem Seminar mitgemacht: Wie unterhalte ich meine Kundschaft? Oder soll ich deren Rassisten-Verein beitreten? »Obwohl ihr Typ wirklich ein Idiot ist. Der verarscht die von vorne bis hinten. Aber das steht auf einem anderen Blatt! Treu ist sie!« Vielleicht hat auch nur eine echte Psycho-Gesprächsstunde angefangen. Da tun wir doch mal lieber ganz professionell und gehen voll mit. Wer weiß, was sonst aus meinen Haaren wird? Das ist ja wirklich eine ganz unglaubliche Geschichte, die mir da zu Ohren kommt. Zum Zeichen schüttel ich mal ganz kräftig meinen Kopf. »Nicht wackeln!« Ist ja schon gut. »Abartig, was? Aber meine Freundin hat wirklich mit keinem anderen rumgemacht.« Jetzt habe ich aus Versehen wieder meinen Kopf geschüttelt und Jeanette hält mich an den Ohren fest. Das ist vielleicht eine intime Berührung. Mir wird plötzlich sehr heiß. Ich wusste gar nicht, dass ich so empfindliche Ohren habe. Da hat mir noch nie jemand so hingefasst. Schüttel ich gleich noch mal meine Birne. »Das ist ja merkwürdig!« Aber Jeanette will mir einfach nicht noch mal an die Ohren langen. Schade. Stattdessen nickt sie doof, hört für einen Moment auf zu schneiden, und dann erfahre ich die ganze abgründige Wahrheit dieser uralten Lügengeschichte. Freund von Freundin war bei Nutte, Nutte hat vorher mit Schwarzem gepimpert, Freund von Freundin steckt seinen Schwanz rein, stippt voll in das Sperma vom schwarzen Vorgänger, wäscht sich nicht, kommt nach Hause, krallt sich Freundin und stippt es ihr wieder rein. »Ist das nicht eklig? Ich finde das wahnsinnig eklig!« Wirklich unglaublich eklig. Jeanette, Jeanette, die Sage kannte ich schon! Trotzdem spiele ich der Tante jetzt mal richtiges Weltklassetheater vor, damit sie glücklich ist. Einfach Händchen vor den offenen Mund halten und mit den Äuglein rollen. »Unglaublich irre! Jeanette, das glaube ich nicht!« Baby-Jean seufzt schwer, und ich habe endlich das Gefühl, richtig dazu zu gehören. »Du, Jeanette, ich finde die Frisur echt toll!«

Diese dämliche Jeanette hat mir die ultimative Babyfrisur verpasst. Wie ein beschissener Wellensittich in der Mauser sehe ich aus. Da gehe ich nie wieder hin. Ich hätte so gerne wie George Michael ausgesehen. Dann hätte ich mich heute Nachmittag knallhart vor Lillys Linse geschoben. Ich schwöre es. Ich wäre einfach zu der rübermaschiert und hätte an ihrem Türchen geklingelt. Dingdong. »Hi, Lilly, ich wollte nur mal fragen, wie es dir so geht!« »O Gott, Lars. Du siehst unwiderstehlich aus!« Und schon fällt mir Lilly liebeshungrig um den Hals. Mit meiner neuen George-Michael-Frisur kann ich die Lady emotional von mir abhängig machen. »Oh, Lars, lass uns sofort ein Brot in die Röhre schieben!« Die alte Schlampe ist bei mir unten durch. So springt man nicht mit mir um.

8

»Vergiss es, Lilly, dich fasse ich nicht mal mit Gummihandschuhen an!« Zuerst bei mir auf den Schlüsseldienst warten und dann vor meiner Nase mit meinem schmierigen Nachbarn Baby-Spiele abziehen. »Komm, mein kleines Babylein, ich lege dir Windelchen an!« Das ist echt unter meiner Würde, und dafür muss Lotter-Lilly bestraft werden. Mit emotionaler Abhängigkeit. Aber das kann ich knicken. Wer ist schon von einem Zwölfjährigen abhängig? Nur so kranke Tanten wie ma Chou-Chou Mimi-Mia.

Obwohl, irgendwie ist Lilly auch krank. Oder pervers. Oder beides. Es gibt für mich wirklich keinen Grund, irgendwelchen Nachbarn Windeln anzulegen. Das ist abartig. Kann man doch keinem erzählen. Die macht bestimmt mit jedem rum. Dem einen zieht sie hellblaue Strampelanzüge an und dem nächsten bohrt sie Sicherheitsnadeln durch die Brustwarzen. Vielen Dank. Damit will ich auf keinen Fall etwas zu tun haben. Lilly ist eben doch nicht mein Typ. Nachher schmiert die mich im Liebestaumel mit Honig ein und jagt eine Horde Bienen auf mich. Und auf meinen kleinen Pipihahn setzt sie die Bienenkönigin selbst. »Na, Lars, macht dich das an?« Irgendwie schon. Nur mal angenommen, ich lasse mich auf die Tante ein, müsste ich die ganze Zeit damit rechnen, dass ich die zweite Geige spiele. Lilly ist so eine, die schwört einem die ultimative Liebe, man glaubt, man hat sie geschwängert, und plötzlich sieht das eigene Kind wie der sackgesichtige Nachbar aus. Die

8

Lady kann einfach nicht treu sein. Ständig wird sie schwanger werden. »Sorry, Lars, ich bin schon wieder schwanger!« Und jedesmal hat die Sache nicht das Geringste mit mir zu tun. Toller Lebensentwurf.

Der einzige, den die Geschichte freuen würde, ist Klatschweib Sven. Das Szenario sehe ich schon vor mir. Sven sitzt gemütlich bei Bleichgesicht-Jeanette im Frisierstühlchen, lässt sich ordentlich die Glatze schrubben und tritt mein bitteres Schicksal breit. »Ich habe gleich zu Lars gesagt: ›Lass die Finger von dieser Lilly, die ist nicht ganz sauber!‹ Ich habe es wirklich gut mit ihm gemeint. Weißt du, Jeanette, Lars ist mein bester Freund, aber leider ist er etwas leichtgläubig. Diese Schmuddelhure Lilly hat ihn ganz geschickt um den kleinen Finger gewickelt. Bis er sie geheiratet hat. Von dem sackgesichtigen Nachbarn mit den Windeln hat sie sich schwängern lassen. Und die verlassene Freundin von Lars hat sich aus dem Fenster gestürzt. Jetzt hat er Lilly, ein sackgesichtiges Kind, und seine Mia ist tot. Der Junge ist wirklich nicht zu beneiden!«

So würde die ganze Geschichte beim Trend-Friseur ablaufen, und nirgends könnte ich mich noch sehen lassen. »Guck mal, Mami, da geht der Penner, der von seiner Frau von vorne bis hinten verarscht wird!« »Lass das, Herzchen! Man zeigt nicht mit dem Finger auf Leute!« Der liebe Sven würde vor lauter Mitleid laut losheulen, und gleichzeitig wäre er froh, so geile Geschichten auf Lager zu haben. Und Jungfrau Jeanette wäre ebenfalls ganz hingerissen: »Oh, Sven, ich habe mein Leben lang auf so einen Typen wie dich gewartet, der seinen Gefühlen mal so richtig freien Lauf lässt!« Dann soll sich das Fräulein doch am besten gleich in Langweiler-Sven verlieben, und die beiden werden ein Paar! Ich bin zu ihrer Hochzeit eingeladen, die bunten Lampions leuchten, und ganz zum Schluss, wenn schon alle besoffen im Garten rumliegen, schlagen sie mir unterm Ginsterbusch auf die Schulter und lallen: »Wenn du nicht gewesen wärst, mein Freund, hättten wir uns nie gefunden! Danke. Danke. Danke!« Ich lächel und sage: »Nichts zu danken!«

Und dann kommt mein Sackgesicht-Kind angelaufen, zieht mir die Schnürsenkel von meinen neuen Airmax auf und sabbert: »Papi, Mami bumst schon wieder mit einem Onkel rum. Da, direkt neben dem Grill!« Ich nehme mein Stiefkind an die Hand und sage: »Hauptsache, sie verbrennt sich nicht den Arsch!« Und dann gehen wir einfach über den Rasen, durchs Haus, aus der Haustür, über die Straße, zum Wagen. Ich schließe das Auto auf, stecke den Zündschlüssel in das Zündschloss und steure die Karre den nächsten Abhang hinunter. Sven hat wieder was beim Friseur zu erzählen, und schon muss er sich von Jeanette trennen, weil sich die nächste Billigfriseuse in ihn verliebt. Die muss er dann auch heiraten, und dieses Mal kann er sich nicht dafür bei mir bedanken, weil ich und mein Kind tot sind.

Das ist alles sehr verwirrend. Am besten, ich gehe einfach runter zur U-Bahn. Unten, bei den Gleisen, ist es kühl. Auf meinen Armen bildet sich Gänsehaut. Bestimmt denken die alle: »Guck mal, ein Zwölfjähriger!« Vielleicht werfe ich mich einfach vor die U-Bahn. Dann wissen die Leute: »Es geht mit der Welt den Bach runter. Jetzt bringen sich schon Zwölfjährige um!« Vier Stationen muss ich fahren, dann bin ich am Krankenhaus und werde mal nachsehen, wie es meinem Bruder geht. Vielleicht kann ich ihn mit meinen kurzen Haaren etwas aufheitern und ihm das Gefühl geben, dass er nicht der einzige auf der Welt ist, der scheiße aussieht.

9

Auf dem Krankenhausgang hat mich eben so eine dickliche Schwester angelabert. Sie hat gelächelt und: »Hallo!« gesagt. »Du willst bestimmt zu deinem Bruder. Er müsste gleich kommen. Du kannst ja in seinem Zimmer auf ihn warten!« Irgendwie süß. Wie man eben mit Zwölfjährigen so spricht. Also bin ich reingelatscht. Woher wusste die eigentlich, wer ich bin? Hat mein Bruder immer ein Passfoto von mir dabei, oder was? »Guck mal, Schwester, das ist mein Bruder Lars!« Kann ich ja gar nicht glauben. Ich packe mich mal auf sein Bett und spiele eine Runde Unfallopfer. Leute, mit dem Kinn die Fernbedienung zu drücken ist total schwer. Es muss ein ziemlich hartes Los sein, wenn man von oben bis unten eingegipst ist. Da kriegt man nichts mehr alleine geregelt. Für jeden Quatsch braucht man jemanden, der einem hilft. »Kannst du mich mal an der Nase kratzen?« Das ist doch blöd. Hoffentlich passiert mir das nie. Womöglich hockt Mia dann die ganze Zeit neben meinem Bett und will mir Gutes tun. »Mein kleiner Lars, ich singe dir jetzt mal ein selbst komponiertes Liedchen vor! Hör schön zu!« Das wäre die absolute Strafe. Viel schlimmer als die Verletzungen. Mia kann man keine fünf Minuten ertragen.

9

Und wenn ich hilflos eingegipst vor ihr liege, zieht die sowieso knallhart ihr Programm durch. Da kann man sich nur wünschen, dass der Schwanz auch eingegipst ist. Sonst kommt die Tante auf eine ganz bekloppte Idee. »So, mein kleiner Lars, jetzt blase ich dir einen, du wilder Stier!« Egal, ob im Flur schon die gesamte Ärzteclique im Anmarsch ist. Mia macht sich an meinem kleinen Lurch zu schaffen, und im nächsten Moment schiebt sich der Chefarzt mit Gefolge rein. »Nun kommen wir zu einem ganz speziellen Fall!« Die Assistenzärzte gucken blöd. »Herr Chefarzt, was ist das denn?« Jetzt sind Sie enttäuscht, weil Sie mit einem medizinischen Wunder gerechnet hatten. Stattdessen hängt Mümmel-Mia über meiner Lende, und das einzige, was sichtbar ist, ist ihr rausgewachsener Haaransatz, der sich hektisch rauf und runter bewegt. Schönen Dank auch. Und wenn sie fertig damit ist, steckt sie mir gleich wieder ihren Griffel zwischen die Kiemen, und ich bekomme einen Würgereiz. Wirklich. Mia ist so gepolt. Entweder muss man ihr die Löcher stopfen oder man kriegt die Umkehr der Geschichte und hat ihre schmierigen Finger selbst in allen Körperöffnungen.

Ich bete wirklich, dass es mich nie erwischt. Ab heute wird sich hinten im Taxi angeschnallt. Bloß keine unnötigen Risiken eingehen. Lieber Musikvideos gucken. Gerade läuft so ein abgefahrenes Teil von Billy Idol. Das ist mindestens schon zehn Jahre alt. The Cradle of Love! Mit fünfzehn fand ich das ultraheiß, wie die Mieze da so an der Tür klingelt und der Typ mit der Brille aufmacht. Er schnallt überhaupt nicht, dass die leibhaftige Bitch vor ihm steht. Sie fragt nur ganz lieb lolitamäßig, ob sie sich mal bei ihm das Tape anhören darf. »Ja klar!« sagt er und lässt sie rein! Er ist natürlich so ein Typ, der absolut verklemmt ist, und darum haut es ihn total aus den Socken, wie die Bitch abgeht. Kaum fällt die Tür hinter ihr ins Schloss, legt sie los. Als Erstes räumt sie so richtig bei ihm die Bude auf, tritt die Kissen vom Bett, zieht sich bis auf die Knochen aus, tanzt und wirbelt wie eine herum, die mal zum Exorzisten muss. Der Brillenschlaffi kriegt gar nichts mehr auf den Schirm. Der reibt sich ängstlich die Äuglein und versucht zu retten, was noch zu retten ist. Aber das kann er voll abhaken, weil die Bitch einfach nicht zu bremsen ist. Die treibt es bis zum bitteren Ende. Bis alles in Klump liegt. Und dann haut sie einfach wieder ab und lässt Schlaffi im Chaos zurück.

Das fand ich mal gut. Da bin ich richtig drauf abgefahren, aber jetzt durchschaue ich die Sache und finde das ziemlich billig. In den Achtzigern hatten ja alle totale Probleme mit den Spießern. Darum gab es auch diese ganzen schlechten Break Dance- und Ferris macht blau-Filme. Solche Streifen, in denen jede Menge junge Leute durchdrehen und ihren Eltern und Lehrern beweisen wollen, dass durchgeknallt zu leben viel geiler ist. In zerrissenen Netzhemden und Löcherleggings machen sie vor irgendeiner Elitejury einen auf Ausdruckstanz. Das ist komplette Scheiße. Miami Vice ist da hundertmal schicker. Crockett trägt seine Armani-Anzüge einfach mit Würde. Egal, wie steif ihm die Brise um die Ohren bläst.

Billy Idol hat fertig gesungen. Ich habe Zeit, mal kurz meine Blicke schweifen zu lassen. He, da steht ja eine Bettpfanne auf einem kleinen Schemel hinter dem weißen, halb zugezogenen Vorhang. Bettpfannen sind ja auch was ganz Grausiges. Ich will niemals in die Situation geraten, dass mir eine Schwester mit einer Bettpfanne ankommt. Oder Mia dazwischenfährt, ihr die Bettpfanne aus den Händen reißt und säuselt: »Nein, nein, Schwester. Ich mach das schon!« Eine absolut grauenhafte Vorstellung. So ein kaltes Ding unter den Arsch geschoben zu bekommen. Lächelt man dann den anderen dankbar an? Wie funktioniert das überhaupt? Man hat ja dieses Hemd an, das hinten offen ist, also hat man direkten Kontakt zur Bettpfanne. Aber dann kommt das Problem. Wer wischt einen ab, wenn man mal mehr muss als pinkeln? Klar, wieder die Schwester. Oder Mia. »Nein, nein, Schwester. Ich mach das schon!« Ein kompletter Albtraum! Zusatzfrage: Klemmt man sich den Schwanz zwischen die Beine, wenn man pinkeln muss, so dass die Sache nach unten läuft? Ich hoffe doch, nicht. Diese Situation muss in meinem Leben unbedingt vermieden werden.

Jetzt habe ich mich aber richtig erschrocken. Freddy Krueger hat höchst persönlich den Raum betreten.

9

»Hallo, lieber Bruder!« Gefolgt von der dicklichen Schwester. Ich wusste gar nicht, dass Oberlippen so anschwellen können. Der Rest von seinem Gesicht ist blau und gelb angelaufen, mit lauter kleinen Pflasterchen zusammengeklebt und mit so einer Desinfektionssoße knallgelb angemalt. Très chic! An manchen Stellen gucken sogar niedliche, schwarze Fäden raus. »He, Kumpel, biste unter 'ne Nähmaschine geraten?« Ehrlich, der sieht aus, als hätte ihn jemand als Schnittmuster missbraucht. Und im Fernsehen krakeelen die Eurythmics Lovesong to a Vampire. Das passt ja genau. Graf Drakula hockt sich neben mich, und Schwester-Baby grabbelt an der Klinke rum. »Dein Bruder hat ein neues Implantat. Da ist es besser, wenn er nicht so viel spricht!« Haben die dem jetzt so kleine, spitze Beißerchen rechts und links eingepflanzt, oder was? »Gib mir dein Blut, Genosse!« Kein Problem, Schwester. Dann machen wir es uns eben miteinander auf der Bettkante gemütlich und schweigen eine Runde.

Aus den Augenwinkeln beobachte ich, wie Vampire Man die Spucke aus dem Mund läuft und auf sein rechtes Knie tropft. Richtig eklig. Ich überspiele das jetzt einfach mal ganz gekonnt. »Ich hab Marios Maschine geschrottet. Das ganze Schutzblech ist zerbeult!« O Gott, bitte nicht! Ich hätte nichts sagen dürfen. Jetzt öffnet Quasimodo II seine Quaddellippen. Hier ist echt Horrorshow angesagt. Oh, bitte, hab Mitleid mit meinem Magen, Bruderherz. Volle Pulle Fehlanzeige! Der Typ spuckt einfach die durchsichtige, mit Blut verschmierte Plastikschiene in die hohle Hand. »Super, Lars!« Ja, nicht wahr? Irgendwie muss man sich ja rächen, wenn der eigene Bruder so zugerichtet wird. Ich glaube, die Info von Marios geschrotteter Maschine hat ihn tatsächlich ein bisschen aufgeheitert. Da mache ich doch gleich mal weiter. »Und eine neue Frisur habe ich auch!« »Sieht scheiße aus!« »Ich weiß, ich weiß!« Das ist ja das Schöne. Nur für dich, mein Brüderchen. Ich will genauso hässlich sein wie du. Die hässlichen Brüder vom Dienst.

»Hier, probier das mal!« Huch, was haben wir denn da? Ein kleines Tütchen mit weißem Pulver drin. »Das hat mir so eine Tante aus der Hals-Nasen-Ohren-Abteilung gegeben.« Das ist ja mal eine nette Aktion. Koks unter den Patienten verteilen. Die Dame kann offenbar mit Nasenkrankheiten umgehen. Da lasse ich mich doch am besten auch gleich einliefern. »Wieso hat'n die dir das gegeben?« »Weiß nicht! Ich glaube, die steht auf mich!« Du liebe Güte. Das sind ja hier Zustände. Der soll sich bloß noch schonen. »Lass dich da nicht zu irgendwas hinreißen!« »Was meinst'n du?« »Na ja, rumknutschen oder rumlecken!« Besser, ich weise meinen Bruder noch mal auf seine Gesundheitsrisiken hin. »Nachher wächst deine Zahnreihe schief an!« Aber mon frère verdreht nur verklärt die Augen, sieht offensichtlich eine HNO-Trulla durchs Zimmer schweben und lässt sich softimäßig zurück in die Kissen sinken. So kenne ich den ja gar nicht. Der ist ja richtig weich drauf.

9

»Isabelle heißt sie!« Ich fasse es nicht. Isabelle heißt sie. Der Penner hat sich echt in eine Trulla aus dem Krankenhaus verknallt. »Isabelle ist Assistenz-Ärztin!« Jetzt bin ich am Nullpunkt angekommen. Was ist denn das hier für ein Laden? Hat die Dame denn überhaupt kein Verantwortungsgefühl? Die kann doch nicht einfach mit zermatschten Patienten rummachen und denen Drogen zustecken. »Na ja, da kannste wenigstens sicher sein, dass sie dich wirklich liebt!« »Wieso?« »So anziehend siehst du ja nicht gerade aus! Aua!« Da braucht der mir doch nicht gleich eine mit der flachen Hand ins Gesicht zu schlagen. Um ein Haar wäre ich von der Bettkante geflogen. »Halts Maul, Lars!« Himmel, ist der empfindlich. Das müssen die Medikamente sein. Der kann ja echt nicht die Wahrheit vertragen. Erstaunlich ist die Geschichte schon. Verliebt sich so eine Tante in ein aufgeschlitztes Pizza-Gesicht. Da habe ich ja noch Hoffnung, was meine Zukunft als Zwölfjähriger angeht. »Huhu, Lilly, ich komme!«

Mein Bruder braucht bestimmt Ruhe. Der sieht ganz erschöpft und fiebrig aus in seinem Liebeswahn. »Okay, ich gehe dann mal, ja?« »Bis dann!« »Treib's nicht zu wild mit deiner Nasen-Ärztin!« »Hau ab, Lars!« Gerne. Mit dem Tütchen in der Hand renne ich direkt zum Besucherklo im Tiefgeschoss. Jetzt blase ich mich weg. Das Fass ist voll. Absoluter Aufnahmestop. Ich drücke die Klinke runter, zwänge mich in die enge, hellgrüne Kabine, kippe eine ordentliche Menge Koks auf den Klodeckel und lasse das Zeug in meiner Nase verschwinden. Ich hechte die Treppe wieder hoch. Den Gang entlang. Alles rauscht an mir vorbei. Ein Mädchen im Rollstuhl. Eine Schwester im weißen Kittel. Ein älteres Ehepaar mit eingepacktem Blumenstrauß. Die Airmax-Luftpolster federn meine Schritte. Das Linoleum quietscht leise. Vor mir öffnet sich die schwere Brandschutztür. Schnell nach Hause.

Die liebe Sonne strahlt auf den weißgepflasterten Krankenhausvorplatz. In zehn Metern Entfernung warten drei Taxen hintereinander. Die beigen Kühlerhauben glänzen im hellen Schein der Sonne, die Fensterscheiben sind heruntergefahren, und ich habe Durst. Meine Zunge hängt mir aus dem Hals, und auf meiner Gesichtshaut haben sich diese ekligen Krater gebildet, die sich immer bilden, wenn ich zu wenig trinke. Aber das letzte Stück schaffe ich noch. Gleich bin ich zu Hause. Dann mache ich alle Schotten dicht. Neben mir rast ein Krankenwagen aus dem Tor. Mit Blaulicht und Sirene. Anscheinend hat es einen erwischt. Bis heute Abend bin ich alleine auf der Welt. Als erstes ziehe ich das Telefon raus. Und aus dem Fenster wird auch nicht geguckt. Mein Mund ist trocken. Mein Zahnfleisch ist betäubt.

Taxitür aufreißen und rauf auf die Polster. Anschnallen. Fuck you, Mia. Du kriegst mich nicht eingegipst. »Guten Tag!« Herr Taxifahrer, wie findest du meinen Haarschnitt? Da ist Speed in meinem Blut. Los, Herr Taxifahrer. Zünd die Rakete. Lass uns zur Sonne flitzen.

9

Los! An der nächsten Straßenecke bricht ein Gewitter vom Feinsten los. Direkt über uns. Dicke Tropfen prasseln auf die Windschutzscheibe und das Dach. Die Scheibenwischer kommen gar nicht gegen an. Das müssen die Regentropfen aus Spanien sein, von denen Lügen-Sven erzählt hat. »Echt, in Spanien sind die Regentropfen so groß wie Felsbrocken!« Herr Taxifahrer tritt auf die Bremse. Was ist denn jetzt los? Das gefällt mir aber gar nicht. Sofort ist Panik angesagt. Ich bin auf Entzug. Ich brauche Stoff. Ich kann mir doch nicht einfach auf der Rückbank das Zeug in die Nase fegen. Los, weiter, schneller. Menschenskinder. Das ist ja nicht zu ertragen. Schleicht der hier im Schneckentempo die Straße entlang. So was. Dafür sind die Leute draußen umso flotter am Rennen. Sie flitzen von einem Vordach zum anderen. Vielleicht sollte ich einfach aussteigen und auf meinen Airmax nach Hause rasen. Geht garantiert fixer. Langsam wird es Zeit, dass mal der Spaß anbricht. »Komm her, Baby, ich habe uns nette Musik in den Rekorder gelegt. Schwing deine Hüften. Mach mir einen Gin-Tonic mit fitzeliger Lametta-Palme. Und sag am besten kein Wort!«

10

Ist das Spaß? Haben wir so gewettet? Ich glaube nicht! Irgendwas blockiert hinter der Wohnungstür ganz gewaltig meinen Eintritt. Ich muss mich richtig kräftig dagegen werfen, sonst bewegt sich die Tür keinen Millimeter. Jetzt aber. Ich zwänge mich durch den Spalt und kann es nicht fassen. Meine heiligen Airmax liegen im Flur unter einem Haufen zertretener Kartons vergraben. Als ich vorhin gegangen bin, schliefen meine lieben Freunde doch noch korrekt übereinandergestapelt in ihren kleinen Zimmern. Ist hier ein Tornado durchgewirbelt, oder was? Bloß nicht auf meine geliebten Treter latschen. Sonst mache ich die noch von oben dreckig. Im Bad wurde der Duschvorhang runtergerissen und mit Zahnbürsten um sich geschleudert. Ich muss schon sagen, hier hat jemand saubere Arbeit geleistet. Mein ganzes Geschirr wurde aus den Küchenschränken auf die Fliesen geräumt. Kein Teller ist heil geblieben.

Weiter ins Wohnzimmer. Am besten, ich pirsche mich ganz langsam an und spähe um die Ecke. Möglicherweise hält sich der Täter noch im Raum auf. Und bitte nicht den Verstand verlieren, wenn Mimi-Mia aufgeschlitzt auf dem Boden im Wohnzimmer liegt. Es wird kein schöner Anblick sein. Ihre rausgezogenen Gedärme werden sich feucht und glitschig um ihre schlanken Beine wickeln, und ihr zartes Gesicht wird bis zur Unkenntlichkeit zertreten sein. Gleich wird sich herausstellen, wieviel ein Mann ertragen kann.

Ich habe es geahnt. Alles ist vernichtet, was mir lieb und teuer war. Sämtliche Bilderrahmen sind von den Wänden gefegt, und überall liegen Glassplitter herum. Ich muss aufpassen, dass ich da nicht mit meinen Luftpolster-Tretern reinlatsche. Sonst hat es sich mit der weichen Federung. Nicht mal vor meinem geliebten Holztisch wurde Halt gemacht. Ohne mit der Wimper zu zucken, hat die Bestie eins von den Beinen abgehauen. Das ist doch einfach unglaublich! He, da ist ja Mia. Sie kauert nackt im runtergefetzten Vorhang auf dem Boden, der Regen peitscht durch das offene Fenster, und ein bisschen Blut tropft aus ihren Armen. »Mia, mein Engelchen, was ist passiert?«

»Warum leihst du fremden Frauen Hosen aus?« »Was?« »Tu nicht so unschuldig, du Arschloch! Ich weiß genau Bescheid!« »Was denn?« »Na, diese blöde Sau, die vorhin deine Hose wiedergebracht hat, kennst du die zufällig?« »Das ist Lilly!« »Lilly? Ist Scheiß-Lilly jetzt deine neue Flamme, oder was?« »Hast du deswegen hier alles in Klump getreten, Mia?« »Ja, stell dir mal vor, du Arschloch! Und meine Pulsadern habe ich mir auch aufgeschnitten!« Tatsächlich, die Tante hat sich an den Armen rumgesäbelt.

Gut gemacht, Mia! Ich bin stolz auf dich! Da mache

ich besser mal einen Druckverband um Tantchens Ärmchen. So wie das blutet, scheint sie richtig tief reingebohrt zu haben. Das muss höllisch wehtun. Meinem Magen tut es auf jeden Fall nicht so gut. Der protestiert mit vollem Einsatz. Und da meldet sich auch noch jemand in meinem Kopf zu Wort. »Hallo Lars, ich bin's, dein liebes Ich. Darf ich mich kurz mal von dir verabschieden und noch 'ne Runde um den Block gehen, bis du hier wieder alles unter Kontrolle gebracht hast? Mir wird das hier gerade alles ein bisschen viel!« »Ja klar, geh nur. Vergiss den Schirm nicht. Du weißt ja, draußen regnet es!« »Okay, bis gleich!« Da geht es, mein liebes Ich und lässt mich ganz alleine. Vielleicht sollte ich schnell hinterherlaufen und wir hocken uns gemütlich ins Café um die Ecke. Das wäre doch mal eine nette Idee! Aber das kann ich wohl schlecht bringen, wo Mia sich schon so viel Mühe gegeben hat, mich zu überraschen.

»Schön gemacht, Mia!« Na, dann wollen wir mal loslegen. Ist ja nicht das erste Mal, dass ich bei der Tante im Einsatz bin. Sweet lächeln und langsam auf Crazy-Mia zugehen. Ganz langsam. Sie darf mich nicht als Bedrohung wahrnehmen. »Mimi-Mia, hab keine Angst, ich bin dein Freund. Vertrau mir!« »Arschloch!« Nur nicht aus der Ruhe bringen lassen. Super-Goofi kriegt das schon hin. Milde lächeln und Mia das Messer aus der Hand nehmen. »Arschloch, Arschloch, Arschloch!« Du machst das prima, Mia. Ja, tritt Super-Goofie ruhig gegen das Schienbein, das tut dem überhaupt nicht weh. Der ist das gewohnt. Lass es einfach raus, kleine Mia. Wir stehen das gemeinsam durch. Die Tante hat wirklich einen Knall. Zwischen ihren Beinen, in einem Gemisch aus Blut und Regenwasser, schwimmen das große Brotmesser und eine ganze Menge Stofffetzen. »Warum hast'n du meine Hose kaputt gemacht?« »Arschloch!« Selber. Jetzt schlägt die Irre auch noch mit den Fäusten um sich. Mach dir nichts draus, Super-Goofi, die Tante weiß nicht mehr so genau, was sie tut.

»Ich hasse dich! Ich bringe mich um!« Dieses Theater ist mir gar nicht recht. Ich dachte, ich könnte mir noch ein bisschen Koks in die Birne jagen. Aber jetzt ist Tante Mia hier und macht kräftig Rabatz. Wegen Lotter-Lilly, das muss man sich mal vorstellen. Nur weil die sich mal kurz meine Hose ausgeliehen hat. Da braucht man sich doch nicht so aufzuregen. Lady Lilly hat sie doch gleich wieder zurückgebracht. Mia sollte sich echt ein bisschen zusammenreißen.

Am besten, du hältst sie mal kurz an den Handgelenken fest, Super-Goofi. Bis sie sich wieder beruhigt hat. He, Super-Goofi, wo bist du? »Tut mir leid, Lars, mir ist das hier echt zu anstrengend. Ich haue ab!« Kein Problem, dann halte ich die Durchgeknallte eben selber fest. Wenn das so weitergeht, verkaufe ich Mia wirklich an Sven. Soll der doch sehen, wie der mit der Tante klar kommt. »Hier, Sven. Ich bringe dir deine Sklavin. Kannste haben!« »Was willste dafür?« »Weiß nicht! Wären hundert okay für dich?« »Hundert? Na gut!« Herrlich, wie der Regen durch das offene Fenster auf meine nackten Arme prasselt. Da glänzen richtig meine Adern, als ich Mia in den Klammergriff nehme. »Aua! Siehst du nicht, dass ich verletzt bin, du Arschloch? Du tust mir weh!« Lustig, wie Mia versucht, gegen das nahe Donnergrollen anzuschreien. Dann lasse ich sie eben wieder los.

»Mia-Herzchen, beruhig dich doch!« Die Tante hat echt dicht gemacht. »Fass mich nicht nochmal an, du Arsch!« Die grapscht einfach nach dem Hammer neben dem abgehauenen Tischbein. Das ist doch echt armselig hier. Das muss man mal gesehen haben, wie die Tante hier breitbeinig vor mir steht und total hysterisch und viel zu schnell durch den strähnigen Schleier blondierter Haare atmet. »Pass lieber auf, dass du nicht wieder hyperventilierst. Das hatten wir doch schon mal!« »Arschloch!« Mia-Mania rast mit dem Hammer auf mich los. Da muss man die Hundertstelsekunde erwischen, in der man ihr die Waffe aus den Pfoten reißt. »Gib schön her! So ist artig!« Voilà, da ist der Hammer auch schon in meiner Hand. Ging ganz einfach. »Ich hasse dich! Ich bringe mich um!« Hier erfährt man wirklich nichts Neues!

Kann mal bitte jemand diesen beschissenen Film anhalten, damit ich mir noch eine dicke Line reinziehen und mich ans andere Ende der Welt verpissen kann? Oder doch besser zu Lotter-Lilly? Wenn sich Tante Mia nicht so blöde an meinen Ohren festkrallen würde, könnten wir zur Abwechslung mal ein ganz vernünftiges Gespräch führen. Aber nein, Tantchen reißt mir lieber die

Ohrläppchen ab und schreit: »Wieso verleihst du deine Hosen an fremde Frauen? Ich hasse dich! Ich hasse dich! Ich hasse dich!« Und dann bricht sie total zusammen und atmet weiter viel zu schnell. Und ich weiß schon, was als Nächstes kommt. Die dumme Trine wird programmmäßig aus den Latschen kippen. Das ist jedesmal das unvermeidliche Finale.

Und da haben wir es schon. Sie kippt um. Gerade noch rechtzeitig aufgefangen. Ich schwöre es, beim nächsten Mal lasse ich sie auf den Boden krachen. Na, dann wollen wir es uns mal in der Regen-Blut-Soße unter dem Fenster gemütlich machen und Mia zart auf die Wangen klopfen. »Meine kleine Mia, wach bitte, bitte wieder auf!« Diese verschissene Nummer funktioniert immer. Einer scheinbar ohnmächtigen Tante darf man eben nicht die Fresse polieren!

Himmel sei Dank, mein kleines Honigmäulchen kommt wieder zu sich. »Was ist passiert? Wo bin ich?« »Du bist ohnmächtig geworden, meine kleine Prinzessin!« Schizo-Lady sieht mich mit treuem Kleinmädchenblick an. »Was? Warum denn?« Schulterzucken und antworten. »Weil du zu schnell geatmet hast!« Lustig, lustig, falsche Antwort. Schon glotzt sie wieder böse. »Ich bin ohnmächtig geworden, weil ich nicht mehr kann, du Arsch!« Besser, ich ärgere die Trulla nicht, sonst geht dieser Quatsch noch ewig so weiter.

»Mein kleines Herzchen!« Siehe da, Mia-Mäuschen lächelt schon wieder selig und streichelt mitfühlend über mein Ohr. »Was ist denn mit deinem Ohr passiert?« »Das warst du, mein Vögelchen. Ist aber nicht so schlimm!« Mia streicht weiter über mein aufgerissenes Ohr, Tränen rinnen ihr über die geröteten Wangen, und mir wird plötzlich ganz heiß. Genau wie vorhin, als mir die dumme Jeanette an die Ohren gegrapscht hat. Gleich bin ich so weit und nagel Mia zur Feier des Tages auf den Dielen. »Es tut mir sooo leid, mit deinem kleinen Öhrli!« »Ist doch alles nicht so schlimm, meine kleine Perle. Beruhig dich doch. Ist nicht so schlimm. Süße kleine Mia!« Aber da ist kein Halten mehr. Das zarte Wesen in meinen Armen wird von heftigen Heulkrämpfen geschüttelt, und plötzlich kippt Mia richtig aus den Latschen. Inzwischen ist nämlich ein ganzer Liter Blut aus ihrem linken Arm gelaufen.

Draußen haben sich die Regenwolken verzogen. Der Himmel leuchtet blau, und über dem Fensterbrett geht orange die Sonne unter. Ein wunderbares Licht für unsere Nachbarn, um uns im Blutrausch zu beobachten. Freie Sicht für alle. »Hallo Leute, meine Freundin hat sich gerade die Pulsadern aufgeschnitten!« Mia schimmert bleich im Abendlicht, und ihre nackten Füße sind blau angelaufen. So blau wie der Himmel.

Besser, ich hole Verbandszeug aus dem Bad, bevor Mia mit ihrem Schweineblut noch alles versaut. »Sekunde, bin gleich wieder da!« »Wohin gehst du?« »Bin gleich wieder da!« Verdammt, ich bin mit meinen Blutfüßen volle Kanne auf meine Airmax getreten. Das kriege ich nie wieder raus. Jetzt reicht es mir aber! Das ganze Theater nur wegen einer ausgeborgten Hose an die Nachbarin! Vielleicht sollte ich Mia-Baby mit dem Hammer kräftig auf den Kopf klopfen. Dann wäre ein für alle Mal Schluss mit dem Dauerdesaster. Ist ja sowieso schon alles voller Blut. Das bisschen Gehirn stört dann auch nicht mehr. Mir kribbelt's so richtig in den Pfoten. Hasta la vista, Baby. Und dann rüber zu Lilly gehen und ein bisschen rumquatschen. Aufräumen kann ich ja später. »Ich rufe mal eben den Notdienst an!« »Bitte, bitte, lass mich sterben!« Was ist das denn nun wieder für ein Quatsch? Der reinste Irrsinn, der sich hier abspielt. Ich ziehe mir erst mal kurz was in die Nase. Ab ins Nebenzimmer. »Komme gleich wieder!« »Wohin gehst du?« Leute, das kostet Kraft.

Das war ja klar! Ich genieße gerade meine Nase Koks, und der dummen Tante fällt echt nichts Besseres ein, als zitternd auf der Fensterbank rumzustehen. Mit dem Rücken zur Tiefe. Dünn und klappernd. Mit fitzeligen blondierten Haaren und dem umwickelten Unterarm. Da mache ich doch glatt noch ein Foto! Ein nettes Abschiedsfoto. »Siehst du, Lilly, das war meine Freundin Mia, kurz bevor sie sich aus dem Fenster gestürzt hat. Schick, oder?« So was kann man nicht inszenieren. So was muss sich ergeben. Da steht mein Engel im Abendlicht mit glänzendem Haar auf dem Fensterbrett. Der Himmel verfärbt sich schon ins Dunkelviolett, und der volle Mond macht Mia einen Heiligenschein um den

Kopf. »Warte mal kurz!« Schnell die Kamera startklar kriegen. »Ich springe!« Und ich halte sie fest. Ist wohl doch besser. Der Engel liegt in meinen Armen. Ich küsse ihre feuchte Stirn und streiche ihr mit zitternden Händen die Haare von den klebrigen Wangen.

Der Notdienst ist da. Der ist auch erst mal über meine Airmax im Flur gestolpert. Die sind jetzt total Matsch. Mein Engel liegt auf der Trage. »Tschüs, Mia!« Tür zu und durchatmen. Ich habe noch eine Mission zu erfüllen. Mission: Blutiger Airmax. Meine armen, geschundenen Airmax müssen eiligst von dem fiesen Mia-Blut befreit werden, noch bevor es richtig ins Gewebe zieht. Schnell das Duschbecken mit Wasser vollaufen lassen und meine Airmax reinwerfen. Kurz noch eine Prise Koks ins Gehirn ziehen, dann geht alles viel leichter von der Hand. Das ist jetzt die richtige Aktion für mich. Das entspannt. Ich bin voll dabei. Mias Duschgel auf ihre Zahnbürste gedrückt, mit der Hand in den Airmax geschlüpft und losgeschmirgelt, bis die Scheiße draußen ist. Das verzeihe ich Mia nie. Die hat es sich ein für alle Mal mit mir verdorben. Als wenn ich nichts Besseres zu tun hätte. Wer klingelt denn jetzt? Hoffentlich ist das nicht Mia, die den Sanitätern von der Trage gesprungen ist! Ich mache nicht auf. Irgendwann ist mal Schluss mit dem Zirkus, oder?

Vor der Tür kauert Lotter-Lilly in hässlicher, hellblauer Nylonbluse und enger, schwarzer Nylonhose auf dem Fußabtreter. »Warum machst'n du nicht auf? Ich sitze hier schon seit einer halben Stunde!« Na klar, erst mal einen Vorwurf zur Begrüßung. Das gefällt mir. »Ich hab das Klingeln nicht gehört!« Dann wollen wir dieser mickrigen Kreatur mal beim Aufstehen helfen. »Danke!« Die Lady hat wirklich überhaupt keinen Geschmack. Ihre Gewänder werden immer hässlicher. Das Zeug sieht so richtig nach Schweiß aus. Im Hochsommer Nylonklamotten anzuziehen, ist echt ein Verbrechen an den Mitmenschen. »Ich hab meinen Schlüssel wieder zu Hause liegen lassen!« »Passiert dir das öfter?« »Nö, eigentlich nicht!« Da haben wir's! Die Tante ist ein knallharter Profi. Die lässt ihre Schlüssel absichtlich in ihrer Wohnung liegen, damit sie mich belämmern kann. »Oh, ich vergesse heute mal wieder meinen Schlüssel, damit ich mich bei Lars einquartieren kann. Der ist ja sooo süß!« Toller Plan. Eventuell habe ich aber etwas dagegen, Lovely-Lilly. Ich will dich auf keinen Fall wieder hundert Jahre bei mir sitzen haben. Die Folgen hatten wir ja gerade live auf dem Schirm. »Dann ruf doch gleich mal beim Schlüsseldienst an!« Du Flittchen. »Okay, kann ich ja mal machen!« Ja, Lovely, das solltest du unbedingt machen. Du blöde Trine. Ich habe nämlich zufällig gerade andere Sorgen. Mimi-Mias Blut muss noch von den letzten Tretern entfernt werden.

Zurück ins Bad geeilt und weiter geschrubbt. »Wo hast'n du die Nummer vom Schlüsseldienst?« Die Lady drängt sich schon wieder in mein Blickfeld! »Weiß nicht! Die muss da irgendwo neben dem Telefon liegen!« Die

Sugar-Lady ist komplett hilflos. »Meinst du diesen kleinen Zettel, der da in der roten Farbe rumschwimmt!« Ach du Scheiße, das habe ich ja ganz vergessen. Besser, Lilly macht da drüben im Wohnzimmer nicht weiter rum. Die verschmiert das rote Zeug nachher noch in der ganzen Wohnung. »Lass mal, ich ruf da selber an. Du kannst ja schon mal weiter meine Schuhe putzen!«

»Schlüsseldienst kommt gleich!« »Danke!« Nichts zu danken. Hut ab, diese Lady kann wirklich schrubben. Lilly hockt da auf dem Beckenrand, ihre Füßchen in der rosaroten Seifenlauge und oben mit zerzaustem Pferdeschwanz. »Bin gleich fertig mit den Schuhen!« »Super, Lilly!« Da geselle ich mich doch noch ein bisschen dazu und prüfe, ob sie wirklich saubere Arbeit leistet. Nee, Leute, da kann man wirklich nicht meckern. Das ganze Blut ist draußen. So mag ich Lilly gleich viel lieber. Eine Lady, die meine Schühchen sauber kriegt, hat meine Hochachtung verdient. »Du machst das wirklich gut, Lilly!« »Tja, ich bin eben eine Frau!« Richtig. Aber was hat das damit zu tun? Keine Ahnung. Lilly streicht sich mit dem nassen Handrücken eine Strähne aus der Stirn und guckt mich so komisch durchdringend an. Will sie Liebe? Ist es das? Jetzt gleich? »Vorhin haben sie jemanden aus dem Haus getragen und mit Blaulicht weggefahren!« Noch zwei Paar Airmax, dann ist die Sache gelaufen. »Aha!« Dieses Weib kriegt ja wirklich alles mit. »Wie ist denn das passiert?« »Was meinst du?« »Na, wie die ganze Farbe auf deine Schuhe gekommen ist!« Ach so.

Darum geht es. Das geht Lilly gar nichts an. Die soll schrubben helfen und ansonsten die Klappe halten. Ich bin erst wieder ansprechbar, wenn diese Arbeit getan ist.

»War das deine Freundin, die mir heute Mittag die Tür aufgemacht hat?« Ja, stell dir mal vor, das war meine Freundin, und du hast sie in den Selbstmord getrieben. »Die hat mich so komisch angeguckt, als ich deine Hose zurückgebracht habe!« Na, das ist ja jetzt merkwürdig, kleine dumme Lilly. Warum hat die liebe Mia-Tante bloß so komisch geguckt? Vielleicht, weil sie dachte, dass ich bei dir mein Brot in die Röhre geschoben habe, könnte das sein, Lilly? »War deine Freundin böse, dass ich die Hose wiedergebracht habe?« Die Maus will unbedingt ein Gespräch anfangen. Die kann nicht eine Minute still sein. »Keine Ahnung!« Solche Leute verlieren vor lauter Gequatsche alles andere aus dem Blickfeld. In zwei Tagen zweimal den Schlüssel zu vergessen, ist schon eine echte Leistung. Garantiert sülzt die sich auch alleine noch voll. Schrecklich. »Das war doch deine Freundin, gib's zu!« Verdammt noch mal. »Ja, das vorhin war meine Freundin!« Immer schön freundlich bleiben, sonst hört die Tante noch mit dem Schrubben auf. Meine Finger sind schon ganz wund.

»Hast du dich mit deiner Freundin gestritten?« Hätte mich auch gewundert, wenn die Frage jetzt nicht gekommen wäre. Die soll mal hübsch ruhig sein, immerhin ist sie schuld an dem ganzen Schlamassel. »Wenn du nicht drüber reden willst, müssen wir nicht drüber reden!« Na also, sie macht Fortschritte. Wäre die nicht mit meiner Hose angetrabt gekommen, hätte mein Tisch noch vier Beine, und ich müsste die Wohnung nicht aufräumen. »Hast du dich mit deiner Freundin geprügelt?« »Quatsch!« Ich schlage keine Tanten. Das ist so ein Prinzip, und vielleicht ist es ein saudummes Prinzip, von mir. Eventuell wäre es besser gewesen, ich hätte Mia rechtzeitig mal eine gescheuert, damit sie von ihrem kranken Film runterkommt. Zum Glück kümmern sich ja jetzt Profis um das Desaster.

Blödes Frage-und-Antwort-Spiel. Mir scheint, Lilly spielt ganz gerne mal ein Spielchen. Aber nicht mit mir. »Wieso sieht das denn hier so verwüstet aus?« Noch so eine dämliche Frage, und ich verlange Auskunft, warum Lotter-Lady mit meinem Nachbarn in Babyklamotten rumhampelt. Das wäre mal eine interessante Aktion. Aber ich bin von Natur aus mehr der diskrete Typ, und darum befördere ich Lilly ganz sanft aus dem Badezimmer, damit ich mir was von Dr. Isabelles Puddingpulver unter die Nase reiben kann. »Kannste mal kurz rausgehen?« »Warum denn?« »Weil ich was zu erledigen habe!« »Was denn?« Nicht zu fassen, was ist bloß mit der los? Das ist doch nicht mehr normal! Die Tante ist vom anderen Stern, das ist es, jetzt weiß ich es, bestimmt kommt die von der Venus. Das kostet mich im Moment wirklich zu viel Energie, die Lady aus dem Bad zu zaubern. Dann soll sie eben hier bleiben. Vielleicht steht sie ja auf Koks. »Willst du auch ein bisschen Koks?« »Koks?« »Ja, Koks!«

»Hast du was?« Nee, ich frage nur so aus Spaß. »Klar habe ich Koks!« »Dann nehme ich was!«

Ich bin mir nicht sicher, ob es klug ist, sie mit Koks zu versorgen. Zugedröhnt kriegt die garantiert ihre Klappe überhaupt nicht mehr zu. Egal. Ich häufe jetzt einfach den Rest auf den Klodeckel und dann ist Feierabend. »Nicht pusten!« »Ich puste gar nicht!« Doch! Volle Pulle hat Lilly gerade gegen das Koks gepustet. Ich habe genau gesehen, wie die Hälfte auf den Boden geflogen ist. Lotter-Lilly klammert sich am bakterienverseuchten Klobecken fest und giert schon säuglingmäßig rum. »Woher hast'n das?« Kaum habe ich das Zeug intus, rupft die mir das Röhrchen aus der Hand, hält sich profimäßig mit der linken Hand die Haare am Hinterkopf zusammen und huscht mit dem Gesicht über den Klodeckel. »Von meinem Bruder, wenn du es wissen willst!«

Hinter dem halb runtergerissenen Duschvorhang schwimmt Mias Zahnbürste in der rosaroten Seifenlauge. Ihre leere Duschgelflasche liegt unter dem Waschbecken. Zwanzig Paar Airmax trocknen auf der Waschmaschine und dem Wäscheständer. »Wollen wir uns ein bisschen auf dein Bett setzen?« »Meinetwegen!« Mir ist auch gerade ein bisschen komisch auf der Brust. Irgendwie schlägt mein Herz so schnell. Hoffentlich ist es nichts Ernstes.

»Mir ist schlecht!« Lilly richtet sich auf und lehnt sich mit dem Rücken an die Wand. »Irgendwie vertrage ich das Zeug nicht!« Das hat mir gerade noch gefehlt. Hoffentlich kommt der Schlüsseldienst bald. Die hat eben schon ihren Kopf auf meinen Schoß gelegt. »Mir ist gerade so danach!« Irgendwie surrealistisch! Crazy-Mia und Lotter-Lilly sehen von oben echt identisch aus. Rausgewachsene Blondierung und rosa Kopfhaut. »Ist dir auch so schlecht, Lars?« »Bis jetzt noch nicht!« Aber wenn die Lady noch weiter auf dem Thema rumreitet, kann ich auch für nichts mehr garantieren. »Ich finde, Kotzen ist das Schlimmste auf der ganzen Welt!« Einspruch, Euer Ehren, ich kotze lieber, als dass ich Lilly noch eine Sekunde länger ertragen muss.

Es hat geklingelt. Danke, dass mich mal jemand da draußen im Universum erhört hat. Der Schlüsseldienst ist da. Endlich bin ich erlöst. »Ich geh dann mal!« Los, hiev dich hoch, du Quatschtante, und zieh dir nächstes Mal was Ordentliches an. In so einem Outfit lasse ich dich nicht noch mal rein. An der Tür dreht sich Sugar-Lilly noch einmal um und schielt mich an. »Danke, Lars. Hoffentlich bis bald!« Und plötzlich habe ich, direkt vor den Augen vom Schlüsseldienstmann, ihre Lippen auf meinen Lippen. »Tschau, Lilly!«

Manche Leute können einen durch ihre bloße Anwesenheit richtig fertigmachen. Lilly ist so ein Exemplar. »Danke, Lars. Hoffentlich bis bald!« Der Spruch hat sich sofort in mein Gehirn gebrannt. Hat die das ernst gemeint? Die muss doch gemerkt haben, dass hier alles aus dem Ruder gelaufen ist. Versteh einer die Tanten. Ich lege mich erst mal unter meinen demolierten Tisch und mache einen auf Matrose. Auf keinen Fall will ich mich jetzt in mein Bett legen. Da hat sich eben noch Lilly mit ihrem knochigen Hintern drauf rumgewälzt. »Oh, Larsi, mir ist so nach kuscheln. Oh, Larsi, mir ist so schlecht!« Außerdem liegt Mia sonst immer neben mir in den Kissen. »Hast du mich noch lieb, Lars?« Man ist ja nicht unsensibel. Das muss ich erst alles noch mal sortieren. Da glotze ich lieber ein bisschen gegen die Unterseite der Tischplatte und stelle mir vor, dass ich auf der Santa Maria unterwegs nach Indien bin. Dies ist meine Koje. Ich lasse mich schaukeln und wiegen, von den Wellen der unendlichen See. Mit dem Passat immer nach Westen. Irgendwann muss Indien kommen. Seemanns Braut ist die See. Und in jedem Hafen eine andere. Her mit der Mulattin. Da geht es mir doch gleich viel besser.

Man liegt nachts in seiner Koje, und plötzlich hört man durch das offene Fenster dieses fiese Rumgemache von den Katzen im Hinterhof. Die räudigen Viecher treiben es direkt neben den Mülltonnen. Wie Babygeschrei klingt das. Als hätte eine beschissene Rabenmutter ihr frischgeborenes Baby in die Tonne gedrückt, und das schreit sich jetzt die Seele aus dem Leib. Dass einem das Blut in den Adern gefriert. Abgenagte Fischgräten, Apfelschalen, gekochte Kartoffeln, Klopapier mit Blut, vergammelte Hähnchen und das Baby mitten drin. Zum Trost nuckelt es an einem alten Kondom. Der gelbe Mond steht am Himmel und um ihn herum glitzern hunderte von Sternen. Und neben der Mülltonne im Hof ficken sich die perversen Kreaturen die Seele aus dem Leib.

Da gibt es echt andere Tiersorten, die nicht so einen Lärm veranstalten. Ich hatte mal ein Kaninchen. Das hatte ein Freigehege in unserem Garten, hinten links. Jeden Tag bin ich hingegangen und habe »Hase!« gerufen. Hase ist aus seinem selbstgebuddelten Bau gekommen und an meinen Beinen hochgesprungen. Das war richtig magic. Eine ganze Masse Karotten habe ich an meinen Liebling verfüttert. Bis ich Hase auf seinem Lieblings-Sandsonnenplatz mit durchtrennter Halsschlagader liegen sah. Den Arm voller Löwenzahn stand ich am Gehege. Mitten in der Nacht war die Arschlochkatze von Ingrids Oma an Hase herangeschlichen. Einen richtig gemeinen, hinterlistigen Meuchelmord hatte sie im Mondenschein an Hase verübt. In der Mittagshitze haben Ingrid und ich Hase neben dem Komposthaufen begraben und eine Kerze angezündet. Im gleißenden Sonnenlicht haben wir Hase die letzte Ehre erwiesen. Und dann haben wir geheult. Unten im Hobbykeller auf der Matratze unter dem Kim Wilde-Poster haben wir gesessen und Wish you were here! gehört. Für Hase. Das mit Hase war schlimm. Und Ingrid hat gesagt: »Dafür muss die Sau büßen!« Sie hat ihre Löcherstrümpfe hochgezogen, und ihre grünen Augen haben wie zwei riesige Edelsteine gestrahlt. Ich habe die Schnallen meiner Sandalen zugemacht und gewusst: Auf Ingrid ist Verlass! Die wird Hase rächen. Ingrid, mein verrückter Diamant.

10

Den Plastiksattel meines Bonanza-Fahrrades zwischen den Beinen, trete ich in die Pedalen. Der graue, aufgewärmte Asphalt rauscht unter den breiten Gummirädern, meine Haare flattern nach hinten über die Ohren. Ingrid steht vor dem Jägerzaun. Sie hält die Hände hinter ihrem Rücken versteckt und lacht. Ihre Löcherstrümpfe sind runtergerutscht, die Knie aufgeschlagen. Die Zöpfe halb offen. Ihr Gesicht und der Rüschenrock sind dreckverschmiert. Ein kleiner Sprung auf den Bürgersteig. Ein Zug an der Bremse. Ich schlittere quer. Bleibe mit dem Rad parallel zum Jägerzaun stehen. Ingrids Augen sind zu schmalen Schlitzen zusammengezogen. Ich sehe ihre großen, geraden Zähne. Ein Spuckefädchen vibriert zwischen Ober- und Unterlippe. Ihr T-Shirt hat vorne kleine, ausgefranste Löcher. »Augen zu!« Ich klemme den kalten Bonanza-Rahmen zwischen die Oberschenkel und halte mir meine klebrigen Hände vor die Augen. Ich rieche Sonne, Schweiß, Bananeneis und Metall. Hinter mir, auf dem Wendeplatz, probiert Sven, auf dem Hinterrad zu balancieren und wiehert dazu. »Augen auf!« Ich nehme die Hände weg. Ingrid lacht. Über mir baumelt die Katze. Die rosa Zunge hängt ihr aus dem Maul. Ihre Beine fallen schlaff in Richtung Erde. Ingrid hebt den Arm höher und höher. Mein Blick folgt dem Kadaver, bis mich die Sonne blendet. Ich halte meine Handfläche vor die Augen. Meine Nase läuft. Das orangene Fell glänzt in der Sonne. Schönes, warmes Licht bricht durch die feinen Härchen, und Ingrid sagt: »Kiss me!«

10

Die Katzen im Hof haben mit dem Rumgemache aufgehört. Dafür schlagen sich die halbstarken Nachbarskinder mit Luftpumpen die Köpfe ein. Die halten das ewig durch. Kreischen. Lachen. Schlagen. Ich kenne das schon. Die machen das ständig. Jetzt hat es einen von ihnen erwischt. Heulen. Blödes Heulen. Mir scheint, die ganze Welt ist destruktiv unterwegs. Das macht doch keinen Spaß. Nirgendwo ist mehr Freundschaft und Harmonie. Ich liege hier unter meinem geschrotteten Tisch und weiß nicht, wie ich das vierte Bein wieder dran kriegen soll. So macht das echt keinen Spaß. Das laugt einen ja voll aus.

11

Ich bin ganz wackelig auf den Beinen. Liegt wohl daran, dass ich heute Nacht unter meinem demolierten Tisch in einen kleinen Sturm geraten bin. Das Bild vom Kaptain ist von der Kajütenwand geflogen. Mit dem Arm direkt auf einer Bilderrahmen-Glasscherbe bin ich heute Morgen aufgewacht. Kann ich ja richtig froh sein, dass der Flunken noch dran ist. Nichts wie raus aus der guten Stube. Den letzten Treppenabsatz springe ich runter. Mal gucken, ob Helpless-Mario im Club ist.

Die Sonne scheint prall vom Himmel herunter in den Hof. Wespen summen um die Mülltonnendeckel. Eine abgebrochene Luftpumpe liegt vor meinen Füßen. Die Gören haben es gestern noch bis zum Äußersten getrieben. Es ist so heiß, dass man nur langsam denken kann. Aber es gibt sowieso gerade nicht viel für mich zu denken. Außer, dass mich momentan alles ziemlich fustriert. Leute, hier läuft alles mächtig in die falsche Richtung. Es muss doch wirklich nicht sein, dass sich meine Freundin wegen einer verhurten Nachbarin die Pulsadern aufschneidet. Damit liegen schon zwei von meinen Konsorten im Krankenhaus. Dann bin ich wohl der Nächste, was? Schönen Dank auch. Kann ich gut drauf verzichten.

11

Ich gehe rüber zur offenen Küchentür vom Sexy Stretch, verschwinde im Schatten und stehe in der dunklen Küche. Niemand da. Scheiße. Wo ist denn Dirty-Mario? Mit dem wollte ich endlich die Sache mit den Flyerfotos besprechen. Ich gleite mit der Hand an den kühlen Arbeitsplatten entlang, strecke die Arme aus, schiebe den Perlenvorhang zur Seite und schleiche in den schummrigen Club. Ich bin schon wieder müde. Am besten lege ich mich ein bisschen auf dem roten Kunstledersofa ab und beglotze die Spiegelkugel an der Decke. Irgendwann muss Quasimodo ja kommen.

Ich blinzel. Quasimodo hat den Beamer über mir angeschaltet und blendet mich damit. Schnell den Arm über die Augen legen. »Licht aus!« Ich will schlafen. Aber Mario ist das egal. Der ruckelt blöde an meiner Schulter rum und faselt irgendwas. Hat der denn überhaupt keinen Respekt? »Im Hof läuft so ein Mädchen rum und sucht nach dir!« Tolle Nachricht. Ist Mia etwa schon wieder da? Darauf kann ich jetzt gar nicht. Ich dachte, die ist erst mal ausgeschaltet. Die scheint ganz schön was auszuhalten. Am besten, ich verstecke mich im Klo und warte, bis sie wieder weg ist. »Ich bin nicht da!« Mario fummelt weiter an meiner Schulter rum, und das nervt jetzt schon ein bisschen. »Los Lars, steh auf!« Wieso soll ich denn aufstehen? Ich kann hier so lange liegen bleiben, wie ich will. Der gestrige Horrortag steckt mir noch in den Knochen. Im Übrigen hat Mario hier gar nichts zu melden. Das ist der Laden von meinem Bruder.

11

Der ist hier der Chef. »Ich brauch die Fotos für die Performance!« Da hat er Recht. Das ist nicht von der Hand zu weisen. »Keine Panik! Ich kümmere mich darum!« Und zwar jetzt sofort, sonst macht mein Bruder Ärger. Es ist allerhöchste Eisenbahn. Schließlich muss der die Miezen bezahlen, die für ihn das Tanzbein um die Stange wickeln.

Ich schwinge mich vom Sofa und klappe meine Augen auf. »Kannst mir außerdem gleich das Geld für ein neues Schutzblech geben!« Mario hat echt Nerven. Der soll sich lieber mal ein frisches T-Shirt anziehen. Der hat immer noch das gelbe Teil mit dem Drogendealer-Schriftzug und den Blutflecken von meinem Bruder an. Allmählich finde ich das außerordentlich geschmacklos. Wahrscheinlich ist der Fetzen inzwischen zu einer Art Trophäe für ihn geworden. »Knorke! Ich hab dem Chef die Fresse poliert, und jetzt klebt sein Blut an meiner Brust, und das macht mich unbesiegbar.« Wie Siegfried, der Typ, der in Drachenblut gebadet hat! Ich wette, so denkt Mario. Als Kleinkind hat der sich bestimmt für den genialsten Privatdetektiv gehalten, nur weil er diese mickrige Plastikkamera aus dem Yps-Heft hatte, mit der man solche lustigen Minibomben in die Augen seiner Spielkameraden schießen konnte. In seiner Hintertasche steckte garantiert zusätzlich die zusammenfaltbare Riesenmappe aus schwarzem, stinkendem Plastik mit gefälschten Yps-Heft-Papieren. Polizei, Detektiv, Sondereinsatzkommando. Damit ist er überall reingerannt und hat gebrüllt: »Hände hoch! Keine Bewegung! An die Wand!« Alle haben sich totgelacht. Nur seine Eltern nicht. Die haben sich gefragt: »Warum ist unser Mario nur so beschränkt?«

Im Hof lungert Lilly neben dem Fahrradständer rum und qualmt. Als sie mich sieht, plättet sie die Kippe unter ihrem abgelatschten Hacken und quatscht gleich wieder los. »Ich hab schon bei dir geklingelt. Aber du warst nicht da!« Lilly ist echt eine ganz Helle! Klar war ich nicht da. Oder kennt hier einer jemanden, der an zwei Orten gleichzeitig sein kann? Macht mein Bruder sofort eine Performance draus. »Kannst du mir Geld leihen?« Aber natürlich, mein Kind. So viel du willst. Sehe ich aus wie einer, der Dukaten scheißt? »Kriegste morgen wieder!« Die Fotos für den Flyer müssen bis morgen fertig sein, sonst werde ich zum Schafott geführt. Mario mimt den Vollstrecker. Im Zylinder und schwarzen Frack. »Sei bitte so freundlich und leg dein Haupt hier auf den Hackklotz. Und bitte nicht wackeln. Dauert nur eine Sekunde, wenn alles klappt!« Und falls Mario mir nicht die Rübe von den Schultern fetzt, macht es mein Bruder, sobald er wieder draußen ist. »Im Namen unserer Mutter, steck deine Birne durch die Schlinge und hör auf zu heulen. Du hast es nicht anders verdient!« Nee, da stelle ich lieber eine Kaution und kaufe mich frei. Aber Geld für Lotter-Lilly? So gut kennen wir uns ja auch noch nicht. »Is mir echt peinlich, Lars. Aber ich brauch dringend Geld!« Besser, ich mache die Scheißfotos. Sonst kommt niemand zur Performance und dann ist klar, wer Schuld hat. Ich. Ich ganz alleine, weil ich keinen Bock gehabt habe, auf den Auslöser zu drücken. Leider habe ich überhaupt keinen Plan, was ich fotografieren soll. »Kannste mir jetzt was leihen. Oder nicht?« Hat hier jemand ein Plakat aufgehängt: »Lars gibt euch allen Geld!« oder was ist los? Ich habe eben schon Mario zweihundert Eier für sein geschrottetes Schutzblech gegeben. »Bitte Lars. Es ist echt wichtig!« Wie kommt diese Lilly darauf, so rumzubetteln? Oder die will sehen, wie weit sie gehen kann. Und wenn ich mich drauf einlasse, guckt sie mich mit dem Arsch nicht mehr an. Weichei, Schwächling! Du lässt dir ja echt alles bieten, Lars! Hier wird gerade ein ganz krummes Ding abgezogen. »Kriegste morgen wieder!«

Geld muss man sich verdienen. Und da Lilly nichts anderes kann, als ihr knochiges Gerüst anzubieten, ist das der Dreh. Mit der süßen Lolita könnte ich doch ganz leicht ins fette Pornogeschäft einsteigen. Ich nagel mir einfach ein schickes Schild an meine Wohnungstür, Eros-Productions, und schon läuft der Laden. Jetzt muss ich mich nur noch behutsam an die Sache rantasten und Lovely die Geschichte schmackhaft machen. »Lolita-Baby, ich hab da eine ganz heiße Idee, wie du dir schnell ein paar Mark verdienen kannst!« Sweet-Lovely kippelt schulmädchenmäßig auf ihren abgetretenen Absätzen hin und her und kaut auf einer Haarsträhne. Das sollte sie besser nicht machen, wenn sie für mich arbeiten will. Eine Lolita mit Spliss in den Haaren ist nicht gut für das Geschäft. »Baby, willst du ein Star werden? Ein echter Pornostar?« Lovely versteht nichts und kaut weiter auf ihren Haaren herum. Anscheinend muss ich bei der ein bisschen mehr Stoff geben, die ist ja richtig lethargisch unterwegs. »Baby, ich habe Großes mit dir vor!« »Okay, leihst du mir trotzdem ein bisschen Geld?« Jetzt langt es. Die Tante ist zu blöde, um irgendetwas zu kapieren. Ich nehme sie erst mal mit hoch in meine Wohnung. Da setze ich sie auf mein Bett und versuche noch mal, an das Mädel ranzukommen.

»Pass auf Sugar, für dein Geld musst du auch etwas tun. Klar? Es ist gar nicht schwer, und außerdem hast du die unglaubliche Chance, berühmt zu werden!« Lilly nickt artig: »Okay, aber tu mir bitte nicht weh!« Endlich ist bei der Tante der Groschen gefallen. Ich hocke mich neben sie, lege den Arm um ihre Schulter und sage leise: »Pass auf, mein Mädchen, ich musste etwas sehr Unschönes mit ansehen ...!« An dieser Stelle nehme ich sie an ihrer klebrigen Hand, führe sie rüber in die Küche und drücke sie ans Fenster. »Siehst du, von hier aus kann man alles sehen!« »Was denn?« »Ich habe leider mit ansehen müssen, wie du mit meinem Nachbarn ferkelige Babyspielchen spielst. Das hat mir sehr, sehr weh getan. Ich dachte, wir sind Freunde!« Tief enttäuscht sehe ich in Lillys erschrockene Glubscher. Sie öffnet ihren Mund, aber ich schüttel müde den Kopf, lege ihr den Zeigefinger auf die Lippen und sage: »Pscht! ... Nicht! ... Du musst nichts sagen! Es ist ja nicht deine Schuld, wenn du mich nicht liebst!« Lilly sieht mich erstaunt an. »Was? Wie? Ich meine, ... « Ich lächel milde, schließe gekonnt für einen Moment die Augen, seufze und sage: »Nun gut. Ich bin dir nicht böse. Das einzige, was ich verlange, ist, dass du dir wieder deine Perücke aufsetzt, brav beim Nachbarn klingelst und dafür sorgst, dass er dich richtig durchnimmt. In allen Stellungen. Nicht nur von hinten!« Lilly sieht mich mit weit aufgerissenen Augen an, und ich sage: »Ich bitte dich wirklich nicht gerne darum. Aber du musst es tun. Vertrau mir! Ich mach dich zu einem Superstar. Kapiert?« Lilly schluckt. »Du brauchst nichts weiter zu tun, als dich durchnehmen zu lassen. Den Rest regel ich! Also los, mein Häschen! Wir haben nicht ewig Zeit!« Lilly nickt unsicher und ich lege ihr die Hände auf die knochigen Schultern. »Du schaffst das schon. Da bin ich mir ganz sicher. Du bist doch ein tolles Mädchen!« Lilly nickt wieder, atmet einmal tief durch und trippelt los. Zum Abschied gebe ich ihr einen gehauchten Kuss auf die Stirn, und als sie sich umdreht, haue ich ihr einen fetten Klaps auf den Arsch.

Leute, hier läuft gleich der Mega-Porno ab. Schnell das Stativ ans Küchenfenster gestellt, Kamera drauf geschraubt, Kassette eingelegt und noch ein bisschen warten. Im Vorderhaus stellt sich Lovely flott unter die Dusche, plätschert sich was zwischen die Beinchen, trocknet sich ab, zieht ein lilanes Kleidchen über und setzt sich die Perücke auf den Kopf. In ihren Highheels stakst sie die Treppen runter, humpelt über den Hof, an den Mülltonnen vorbei und verschwindet im Hinterhaus.

Ich zähle bis hundert. Hundert Treppenstufen. Klingelingeling. Und Pause. Klingelingeling. Pause. Jetzt öffnet der Nachbar die Tür. Lilly lächelt süß. Jetzt lässt der Nachbar Lilly rein. Lilly sagt: »Danke!« und zieht ihn honigmäßig in Richtung Schlafzimmer. Die Klinke geht runter! Kamera einschalten. Die Tür geht auf. Scharf stellen. Der Nachbar wird von petite Lilly rückwärts ins Zimmer geschoben und plumpst aufs Bett. Lilly hüpft auf seinen Bauch, beugt sich vor und küsst seine feuchten Lippen. Lolita weiß, wie der Laden läuft. Mit seinen Pranken grapscht der Nachbar um Lillys Mäuserücken, schiebt ihr Röckchen hoch und fetzt ihr das Höschen quer von den Beinen. Ich stehe am Küchenfenster und zoome noch ein bisschen dichter ran. »Weiter, mein Täubchen. So ist es gut!« Lovely zeigt mir ihren bleichen Arsch und legt so richtig los. Der Nachbar strampelt sich seine Hose von den Beinen, und dann ruckeln die beiden hemmungslos in allen Stellungen.

Es klingelt. Lillys Perücke ist zerzaust, ihr Kleid zerrissen, die Schminke verlaufen. Ich lasse sie rein. »Okay, mein Vögelchen, das hast du prima gemacht! Und weil du gerade so schön in Fahrt bist, machen wir hier gleich weiter!« Lilly stellt die Füße übereinander. Die Trine scheint etwas unwillig zu sein. Also rupfe ich ihr die Perücke vom Kopf, zerre sie an den Haaren durch den Flur ins Wohnzimmer und schleudere das Püppchen in die Ecke. Da stößt sich mein kleines Zuckermäulchen die Kniechen auf, weint und wimmert, und ich bin schlichtweg begeistert von mir. Ein Starfotograf muss solche Sachen machen. Der kann nicht anders. Also sage ich: »Los, Baby, zieh dich aus! Wir machen jetzt Kunst!«

Ein anderes Mal vielleicht. Heute reicht es, wenn Lilly mich ihren Fuß fotografieren lässt. »Du willst meinen Fuß fotografieren?« »Ja, geht auch ganz schnell!« »Wofür denn?« »Für den Flyer vom Sexy Stretch.« »Kommt dann mein Fuß vorne auf den Flyer?« »Korrekt!« Das dauert ja ewig, bis die Lady mal was geschnallt hat.

Lilly hockt auf dem Fensterbrett und fummelt sich ihren rechten Schuh vom Huf. »Und jetzt?« Fabelhaft! Ihre Fußkrallen sind frisch lackiert. »Stell den Fuß mal da auf den Sitz vom Klappstuhl!« Lilly gehorcht. Und ich mache auf die Schnelle ein paar Bildchen davon. Gegen einen dezenten Ladyfuß auf dem Flyer ist nichts einzuwenden, oder? Lilly zündet sich eine Zigarette an und lehnt sich gegen den Fensterrahmen. »Bitte mal stillhalten!« Die hat vielleicht komische Füße. Hoffentlich haut mir Mario die Dinger nicht um die Ohren. »Muss ich dir das Geld wiedergeben, oder ist das dann meine Fußmodelgage?« »Kannste behalten!« »Danke! Ich musste übrigens gestern nicht mehr kotzen!« Na, das ist doch mal eine gute Nachricht. »Da hast du ja Glück gehabt!« »Ja!« Laber-Lilly soll sich bloß schnell wieder die Schuhe über ihre verknoteten Knöcherfüße ziehen. Das ist überhaupt kein schöner Anblick. Die Fotos kann ich Mario echt nicht anbieten. Da kommt doch keiner zur Performance. Dass die sich nicht schämt. Mia hat viel schönere, so richtige kleine Füßchen. Höchstens Größe siebenunddreißig. Nicht solche Quadratlatschen wie diese hier. Mias Füßchen sind immer hübsch gefeilt, und die Hornhaut ist auch immer abgeraspelt. Die Teile von Lilly sehen irgendwie mutiert aus. Knochig, verbogen und groß. Mias Füße wären viel besser für den Flyer geeignet. Da bleibt mir nichts anderes übrig, als kurz im Krankenhaus vorbeizuschauen.

Am Taxistand trete ich mit meinen neuen Airmax in ein riesiges Kaugummi. Als ich hinten auf der Rückbank sitze, traue ich mich nicht, unter meinen Fuß zu gucken. Ich habe weder ein Stöckchen noch eine Büroklammer, mit der ich unauffällig hinter der Rückenlehne das Unheil rauspulen könnte. Das einzige, was ich tun kann, ist zu versuchen, nicht darüber nachzudenken. Das, was an meinem Fuß klebt, ist vor kurzen noch in einem ekligen, bakterienverseuchten Mund mit Schleim vollgespeichelt worden. Ich will das hellblaue Kaugummi loswerden. So geht das einfach nicht. Man sollte härtere Strafen für Kaugummi-auf-die-Straße-Spucker verhängen. Die verschmutzen die Umwelt und quälen ihre Mitmenschen psychisch. So ein ausgerotztes Kaugummi heftet sich wie eine Mia an einen und lässt nicht mehr los. Im schlimmsten Fall kann man nicht mal etwas dagegen tun, so wie ich gerade. Das ist Folter. Das ist pure Vergewaltigung. Ich bin fast dafür, diesen Kaugummi-Ausspuckern Schmerzen zuzufügen. Ihnen mit Kaugummi die Augen zu verkleben. Ihnen Kaugummi in die Haare zu spucken. Oder die alten Kaugummis von der Straße kratzen und wieder weichkauen lassen.

Da will ich gern mal Richter sein, wenn so ein Kaugummi-Ausspucker angeklagt wird. So ein Richter mit weißer Wattemütze, die an beiden Seiten wie zwei Albino-Cockerspaniel-Ohren runterhängt. »Ruhe! Ruhe im Gerichtssaal! Sonst lasse ich den Saal räumen!« Die Anwesenden beruhigen sich wieder, und Matlock und der Staatsanwalt treten nach vorne. Mit der einen Hand halte ich mein Mikro zu, beuge mich zu ihnen runter, und Matlock sagt: »Hohes Gericht, wenn wir weiterhin durchgehen lassen, dass unsere Bürger ihre zerkauten Kaugummis ungestraft auf die Straße spucken, dann schwant mir Böses!« Der Staatsanwalt sieht aus wie Danny de Vito und drängt den angegrauten Matlock zur Seite. »Papperlapapp! Mein Mandant hat lediglich das getan, was alle tun, und bis jetzt ist noch niemand dadurch zu Schaden gekommen!« Matlock tritt wieder hervor: »O doch! Was ist mit meiner Mandantin? Sie hat versucht, sich den Fuß abzuhacken, als sie das ausgespuckte Kaugummi Ihres Mandanten nicht mehr aus ihrer Profilsohle gekriegt hat! Wäre nicht ihr Mann in letzter Sekunde in die Garage gekommen, wäre meine Mandantin jetzt Vollinvalidin!« »Gut!« Ich nicke und scheuche die beiden Parteien zurück auf ihre Plätze.

11

Im Saal hält man den Atem an. Ich klopfe mit meinem Hämmerchen auf die Tischplatte, und der Saaldiener ruft: »Bitte erheben Sie sich!« Stühlerücken und Mantelrascheln, alle erheben sich von ihren Plätzen. »Ich verurteile den Angeklagten zu einer Kaugummi-Abkratz-Aktion von einem Kilometer. Dabei soll ausschließlich mit den Fingernägeln vorgegangen werden!« Ein Raunen geht durch die Menge. Der Angeklagte reißt dem Justizbeamten, der ihn bewacht, die Pistole aus dem Halfter und schießt auf mich. Ich bin getroffen. Ich presse meine verkrampften Hände auf die linke Brust, aus der das Blut in Strömen fließt. Ich sterbe. Alle rennen durcheinander. »Einen Arzt! Einen Arzt!« Zwei Gerichtsdiener eilen mir zur Hilfe und wollen mich hinlegen. Aber ich rempel um mich. Ich will nicht so albern vor all den Leuten auf den Boden gelegt werden. Mit letzter Kraft halte ich mich auf den Beinen. »Sie sind ein Vollidiot! Damit wird dieser Fall in die Geschichte eingehen!« Ich fühle mich wie Kapitän Ahab, den Moby Dick mit sich in die Tiefe zieht. Noch ein-, zweimal röchel ich und gehe hinter meinem riesigen Eichentisch in die Knie. Blut rinnt mir aus der Nase. Meine Perücke fällt, und mein Lebenslicht erlischt.

Liegt hier nicht doch zufällig irgendein Stöckchen oder wenigstens eine Haarnadel auf dem Taxiboden rum? Ich kann dieses Kaugummi wirklich ganz schwer in meiner Profilsohle ertragen. Ich habe das Gefühl, dass ätzt sich einen Weg durch mein Luftpolster, direkt zu meinem Fuß, und da verseucht es mich mit den widerlichsten Bakterien, die es im ganzen Universum gibt.

Ingrid hatte echt mal Kaugummi in den Haaren. Beim Einschlafen hat sie Kaugummi gekaut. Dann ist sie eingeschlafen, und das Kaugummi ist ihr aus dem Mund in ihre schönen, langen Haare gefallen und hat alles verklebt. Am nächsten Morgen ist Ingrid aufgewacht, wollte sich die Haare flott nach hinten werfen, und das einzige, was nach hinten geflogen ist, war ein dicker fetter, klebriger Haarklumpen. Da wäre Ingrid beinahe durchgedreht. Ihre Haare waren ihr ganzer Stolz. Richtig Panik hat sie bekommen, als sie diesen Scheiß auf ihrem Kopf entdeckt hat. Außerdem hatte Ingrid Schiss, dass ihre Mama sie mit verklebten Haaren nicht mehr lieb haben könnte. Also hat sie sich eine Pudelmütze auf den Kopf gesetzt und gesagt: »Ich bin krank!« Ingrids Mutter ist gleich wahnsinnig vor Sorge geworden und hat gesagt: »Mein armes Kind. Was hast du denn? Am besten, ich rufe den Doktor an!« Das wollte Ingrid natürlich nicht und hat weiter rumgeschwindelt, dass sie lieber ganz alleine in ihrem Zimmer bleiben wolle. Ihre Mutter war einverstanden, und dann musste Ingrid harte Arbeit leisten. »Das geht ganz schön in die Arme!« hat Ingrid hinterher zu mir gesagt. Aber sie hat es geschafft, ihre Zwei-Meter-Haare einzeln aus der Klebemasse zu ziehen, und ihre Mutter hat nichts gemerkt. Ingrid war einfach cool.

Das Taxi hält am Fotolabor. »Warten Sie bitte einen

Moment, ich will gleich weiter zum Krankenhaus!« Ich schiebe mich aus der Tür, humpel zur Häuserwand, damit sich das Kaugummi nicht tiefer in die Rillen presst und werfe die Filme in den Briefkasten. Jetzt werden also Kontaktbögen von Lillys hässlichen Füßen gemacht. Das ist mein Untergang. Ich frage mich, wie ich jemals für diese Frau schwärmen konnte. An dieser Tante ist nichts mehr frisch. Ihren Körper hat mein Sackgesicht-Nachbar schon als Müllcontainer missbraucht. Außerdem ist Lotter-Lilly als Quatschtante unschlagbar. Ich wette, wenn man mit der in den Kissen liegt und gerade dabei ist, bei ihr sein Würstchen zu versenken, kaut die einem so nebenbei das Ohr ab und gibt einem Informationen, die man gerade überhaupt nicht hören will. »Weißt du was, der Baby-Nachbar hatte mal Syphilis!« Echt, Leute, ich bin außerordentlich froh, dass ich mich auf die Lady nicht sexuell eingelassen habe. Das hätte meine Psyche nicht mitgemacht. Ich kenne mich doch. Das wäre nicht das erstemal gewesen, dass ich von einer Beischlafgeschichte Depressionen kriege.

Bevor Mimi-Mia auf mich gestoßen ist, war es immer so. Ich fand eine Tante toll und habe alles getan, damit ich der auch gefalle. Ich war total charmant, und na ja, eben das ganze Programm. Prompt haben sich die Ladys in mich verliebt und wollten so schnell wie möglich mit mir ins Bett gehen. Und da liegt mein Problem. Ich mag mit fremden Tanten nicht gleich Sex haben. Aber da war es dann immer schon zu spät, weil die Tanten durch meinen Charme schon ganz heiß gemacht waren und sich allerhand versprochen hatten. Was sollte ich also machen? Jedesmal habe ich gedacht: »Lars, da musst du jetzt durch! Das bist du der Tante schuldig! Zum allerletzten Mal!« Also habe ich der Tante die Tür aufgemacht, und die riss sich dann auch sofort die Klamotten vom Leib. Da blieb mir nichts anderes übrig, als mich im Geiste von meinem Körper zu trennen und die Sache professionell durchzuziehen. Danach musste ich sofort heiß duschen, weil ich sonst das Gefühl gehabt hätte, an einer schrecklichen Krankheit sterben zu müssen. Und als das erledigt war, habe ich zugesehen, dass die Tante die Kurve gekratzt hat und sich nie wieder hat blicken lassen. »Sorry, du musst leider gehen. Ich teile mir nämlich mit meinem Bruder das Bett, und der müsste gleich kommen …!« »Macht doch nichts!« »Doch, der mag nämlich keine Frauen!« »Wieso denn nicht?« »Keine Ahnung. Die machen ihn aggressiv, und ich will nicht, dass er dir wehtut!« »Ach so!« Und dann kam Mia und hat sich einfach eingenistet. Diese Made. Bei der habe ich wohl nicht hart genug durchgegriffen.

Lilly wollte ja gestern auch unbedingt mit mir eine Nummer schieben. »Bitte, Lars! Zeig mir deinen Lurch!« Zum Glück bin ich hart geblieben. Das hätte ich echt nicht überlebt. Ich hätte mich so beschmutzt gefühlt. Schon alleine wegen meinem Sackgesicht-Nachbarn und Lillys mutierten Füßen. Und davon gibt es jetzt bald Abzüge für den Flyer. Mir zieht sich echt der Magen zusammen. Da kommt doch keiner zur Performance, bei den Füßen. Ich brauche Mimi-Mias Füße.

Das Taxi hält vor dem Krankenhaus, und ich muss 35 Mark bezahlen. Wie reizend. Ich hätte besser mit der U-Bahn zum Krankenhaus fahren sollen. Dann wäre ich am Taxistand nicht in dieses beschissene Kaugummi getreten. Das darf ich mir nun erst mal aus den Rillen kratzen. Und die Zeit, die jetzt gleich dabei draufgeht, hätte es mit der U-Bahn länger gedauert. Das ist wirklich eine Erkenntnis, die mich fertigmacht. Da kann man sich echt in den Arsch beißen. Das Taxi fährt weiter, und ich suche mir ein Stöckchen.

12

»Guten Tag, mein Name ist Doktor Schiwago!« Ich schlendere durch die Krankenhausgänge, grüße nach rechts und links und kneife der dicken Schwester in den Allerwertesten. »Och, Herr Doktor!« Ich zwinkere lieb und dränge sie flugs in die Medikamentenkammer. Da presse ich sie gegen die mit Röhrchen und Ampullen gefüllten Stahlregale und hebe ihr dickes Knie an meine Hüfte. »Aua!« Für solche Aktivitäten sind ihre vollen Haxen einfach zu kurz. Also lasse ich ihr Knubbel-Knie wieder etwas sacken. Herrlich, wie sich der weiße Stoff über ihrer Oberweite spannt. Klack. Ein Knöpflein springt ab und kullert über den Boden. Unser Schweiß tropft von der Decke und ich sabbere auf ihre prallen Euter. So habe ich es gerne. Und gerade als ich den lila Flittchen-BH freilege und die Strapse schnalzen lasse, geht die Tür auf, und der vertrottelte Assi-Arzt kommt rein. Ich lasse das stramme Schwesternbein los, rücke meinen Kittel zurecht und sage mit tiefer, respekteinflößender Stimme: »Was wollen Sie denn hier?« Der Assi-Arzt hampelt von einem Fuß auf den anderen und läuft rot an. »Nun mal raus mit der Sprache! Sind Sie etwa tablettensüchtig? Wollten Sie sich hier eine Extraportion abholen? Na? So was können wir hier im Betrieb nicht gebrauchen. Da muss jeder zuverlässig arbeiten!« Der Assi zappelt rum und quackelt: »N-n-nein! Ich sollte bloß für Schwester Elisabeth ...!« »Ja, ja, ja! Schon gut! Ich verpfeife Sie nicht! Jetzt aber flugs raus und frisch an die Arbeit!« Der verpennte Assi zieht Leine, und die notgeile Schwester wimmert: »Aber Herr Oberarzt, wenn das an die Verwaltung geht! Dann sind wir geliefert!« Jetzt habe ich auch keine Lust mehr auf die dicke Tante.

Rein in den Aufzug und den Gang entlang. Zuerst will ich noch mal zu meinem Brüderchen. Die dicke Schiwago-Schwester flitzt vorbei und freut sich, mich zu sehen. »Hallo, Lars!« »Hallo, Schwester!« »Ich glaube, dein Bruder schläft gerade!« Dann wollen wir das holde Knäblein mal nicht wecken. Leise öffne ich die Zimmertür und spähe hinein. Er sitzt mit nacktem Oberkörper auf der Bettkante. Mit dem Rücken zur Tür. Bewegungslos, mit angespannten Schultern, sieht er aus dem offenen Fenster. Grüne blätterbepackte Äste wiegen sich sacht im Wind und lassen ab und zu ein paar helle Sonnenstrahlen durch. Ein Vogel zwitschert. Mon frère beugt sich nach links zu seinem Nachttischchen hinunter und hält sich ein Nasenloch zu. Als ich die Tür schließe, dreht er sich um und schielt mir verpeilt entgegen. »Hallo, ich wollte mal sehen, wie es dir geht!« »Mann, hast du mich erschreckt!« »Gib mir auch was, sonst ertrage ich mein Leben nicht!« Nebeneinander hocken wir auf seinem Kopfkissen und schnorcheln alles weg. Mein Bruder schnippt mir seine komische Ekelzahnschiene ans T-Shirt und zeigt mir sein neues Implantat. Es ist glamourös. Es ist sexy. Es ist ein goldener Eckzahn. »Da werden die Tanten durchdrehen!« Mein Bruder nickt, stopft seine Spange wieder rein und nuschelt: »Isabelle hab ich schon um den Verstand gelutscht!« Jede Nacht kommt die HNO-Madam mit einem Briefchen zwischen ihren Glocken zu mon frère, beugt sich über ihn und sagt: »Gling-Glong! Darf ich reinkommen?« Mit ihrer Untersuchungsleuchte auf dem Kopf strahlt sie ihn an. »Na, wo tut es meinem armen Patienten am meisten weh?« Mein Bruder zeigt nach unten und sagt: »Aua! Aua!« Isabelle macht voll einen auf Mitleid: »Mein armer Kleiner. Du bist so tapfer!« Und zieht ganz langsam und vorsichtig die Decke weg. »Aua! Aua!« »Na, da wollen wir doch mal sehen, was wir dagegen tun können!« Und schon streut sie meinem perversen Bruder ein paar Koka-Krümel auf den armen Aua-Schwanz, damit er keine Schmerzen mehr hat und Isabelle volle Kanne bis zum Morgen durchreiten kann.

»Die Tante hat ja echt null Schamgefühl.« Und schon wieder liege ich am Boden. Mein Bruder kniet sich auf meinen Kiefer und rubbelt mit den Knöcheln seiner blöden Faust über meinen Schädel. Kann mir mal einer sagen, was los ist? »Hallo? McFly, jemand zu Hause?« Noch schnell einen Schlag auf den Hinterkopf, und dann darf ich wieder aufstehen. Und als ich so verschreckt auf der Bettkante kauere, kommt heraus, dass mein Bruder sich voll in die Nutte verknallt hat und tolle Gespräche mit ihr führen kann. »Na, das ist doch schön!« »Nee, echt! Wenn mir Mario nicht die Visage zermatscht hätte, hätte ich meine süße Isabelle nicht kennen gelernt. Darum werde ich ihn wahrscheinlich doch nicht umbringen!« Da wird sich Quasimodo aber freuen.

»Sag mal, wie findest du eigentlich meine neue Frisur?« »Sieht immer noch genauso scheiße aus wie gestern! Hat Mia dir das angetan?« »Nö, die hat ja gestern versucht, sich umzubringen. Zuerst hat sie sich die Pulsadern aufgeschlitzt, danach wollte sie aus dem Fenster springen, und plötzlich ist sie doch noch fast verblutet!« »Mach doch endlich mal Schluss mit der Tante. Die hat doch wirklich nicht mehr alle Tassen im Schrank!« Manchmal ist mein Bruder wirklich unsensibel.

»Was ist eigentlich mit den Fotos für den Flyer?« Na klar! Das Thema musste ja unbedingt noch angeschnitten werden. »Sind in Arbeit!« »Was heißt, die sind in Arbeit?« Merkt der nicht, dass ich da jetzt nicht drüber reden will? Ich bin echt gestresst. »Wollen wir nicht 'ne Runde fernsehen?« Bevor ich zu Mia weiterziehe, muss ich erst mal ein bisschen runterkommen, sonst rutscht mir da wieder was Unangebrachtes raus. »Man sieht deine Kopfhaut, Mia!« Das wäre nicht so gut.

Mein Bruder drückt auf die Fernbedienung. Der Spot von Rocky läuft. So ein Typ kommt am Abend aus dieser silbernen Konservendose, seinem Wohnwagen. Er steigt in seine verbeulte Schrottkarre und brettert durch die Wüste direkt zu seiner süßen Teeny-Tante, die mit ihren

Eltern in einem großen Steinhaus wohnt. Er klingelt, die Teeny-Tante öffnet ihm, und die beiden gehen Hand in Hand auf ihr Kinderzimmer. Im Hintergrund sieht man alberne Plüschtiere, die affige Haarreifen mit Spiralen und Glitzer-Sternchen auf den Ohren sitzen haben. Die beiden ziehen sich gegenseitig ein bisschen aus, glotzen sich verliebt in die Augen und sind total glücklich. Plötzlich setzt sich der Typ wieder seinen Hut auf, schlendert mit nacktem Oberkörper, so Iggy Pop-mäßig, aus dem Zimmer und kommt im nächsten Bild ins Schlafzimmer der Eltern gelatscht. Die liegen schon lange im Bett und schlafen selig. Der Typ ruckelt den Vater vom Mädchen wach und fragt: »Sorry, Mister Nüssbaum, can we use your bed?« Dem Papi bleibt erst mal die Spucke weg, und die Mami zieht sich erschrocken das Deckchen hoch. »Bad idea! Bad idea!« wird so eine Warnschrift eingeblendet. Wie kommt man, bitte, auf so was? Die Leute von Rocky sind anscheinend richtig am Durchdrehen. Ich frage mich, warum der Typ das macht? Seine Freundin hat doch selbst ein riesiges, weiches Bett. Da muss er eigentlich nicht den Vater fragen, ob er die Elternmatratze benutzen darf. Wahrscheinlich haben die Rocky-Leute dieses Bild von der Jugend. »Junge Leute machen unnachvollziehbare Dinge. Es gibt keinen wirklichen Grund für ihr Handeln. Die machen einfach das, worauf sie Bock haben.«

Ich mache mich jetzt mal vom Acker. Mia die Ehre erweisen. »Tschau, Brother!« Die Treppe runtergehüpft und durch die Empfangshalle zum Info-Stand marschiert. Das ist ein richtig gutes Gefühl, mit meinen Airmax über das graue Linoleum zu grooven. Das rockt richtig. »Leute, der Superstar unter den Basketball-Spielern marschiert ein!«

Die Tante am Info-Stand hantiert mit ihren klingelnden Telefonen rum und behauptet einfach, dass Mia schon weg ist. Ich weiß nicht, ob die hier die Wahrheit sagen. »Schon seit heute morgen ist Ihre Freundin Mia nicht mehr da!« Wo soll sie denn hingegangen sein? Also, normalerweise geht man doch nach Hause, wenn man aus dem Krankenhaus entlassen wird. Aber Mia ist heute Morgen nicht nach Hause gekommen. Wo ist sie denn? Ich könnte mir höchstens noch vorstellen, dass sie zu ihrer Mutter abgedampft ist. Da kann ich ja mal durchklingeln. Aber um ehrlich zu sein, glaube ich das nicht, weil Mia ihre Mutter nervig findet. Die Mutter hat Mia nämlich nach dem Tod vom Vater verhätschelt und kann jetzt nicht mehr damit aufhören. Und das macht Mia voll aggressiv. Deswegen fährt sie höchstens mal übers Wochenende hin, und auch nur, wenn es ihr wirklich gutgeht. Und ich nehme an, dass es Honey im Moment nicht so gutgeht.

Ich habe ein bisschen den Eindruck, dass mir hier gerade etwas vorgemacht wird. Die wollen nicht, dass ich Mia besuche. Die wollen nicht, dass ich in diesem Krankenhaus die unzulänglichen Behandlungsmethoden aufdecke. Meine arme, kleine Mia wird von irgendwelchen

Quacksalbern auf so einen Stuhl geschnallt und bekommt Stromschläge, damit sie endlich mit ihren hysterischen Anfällen aufhört, weil schon alle komplett genervt sind. Mia trägt ein dünnes, langes Nachthemd. Vier Leute in blauen Kitteln und mit Abhörgeräten haben sie an Armen und Beinen festgehalten, haben sie in einer kleinen grauen Kammer auf den Stuhl gesetzt, sie an das Gestell gefesselt und stopfen ihr jetzt einen orangefarbenen Gummistöpsel in den Schnabel. Sie kleben Elektroden an ihre Stirn und drehen den Strom voll auf. Close up auf den Spannungsmesser! Mia verdreht die Augen, sabbert alles voll, die Haare fliegen nach oben, der Kopf saust nach hinten, und dann ist alles ruhig. Es riecht nach verbranntem Gummi. Noch ein kurzes Brizzeln, und Mia wird wieder abgeschnallt.

Ich schiebe meine Telefonkarte in den Apparat, wähle die Nummer von Mias Mutter und warte. Mein Herz schlägt hoch bis zum Hals, und ich habe wirklich keine Lust, mit Mias Mama zu reden, aber hier muss sauber gearbeitet werden. Schließlich geht es um detektivische Ermittlungen. Während es mir ins Ohr tutet, entschließe ich mich, nie wieder Kokain zu konsumieren. Das ist nichts für mich. Jetzt habe ich nämlich Kopfschmerzen. Außerdem bin ich richtig wütend auf meinen Bruder. Der Idiot verträgt das Zeug auch nicht. Dem geht ja jedes Mitgefühl verloren. Das muss man sich mal vorstellen: Ich erzähle ihm, dass meine Freundin versucht hat, sich die Pulsadern aufzuschneiden, und aus dem

Fenster zu springen, und mein Bruder sagt nur: »Die hat doch nicht mehr alle Tassen im Schrank! Mach endlich Schluss mit der Tante!« Das sind ja förmlich Monster-Reaktionen, die dieses fiese Zeug hervorruft. Entschuldigung! Ich bin wirklich sprachlos, was sich mein Bruder da eben geleistet hat. Der ist wohl gerade auf einem Höhenflug, weil er bei dieser kessen Isabelle sein Würstchen wegstecken kann. Da drehen Männer ja leicht durch. Aber bei meinem Bruder kommen eben jetzt auch noch die Drogen dazu. Sowieso finde ich es nicht gut von der HNO-Ärztin Isabelle, dass sie Patienten mit diesem Zeug von sich abhängig macht. Vielleicht wechsel ich da mal ein ernstes Wörtchen mit der Krankenhausleitung. Das ist wirklich ein dicker Hund.

Mias Mutter hebt ab. »Guten Tag, hier ist Lars. Ist Mia zufällig bei Ihnen?« Ist sie nicht, und schon wird Mias Mutter misstrauisch und will wissen, ob was nicht in Ordnung ist. Ich lüge ein bisschen rum, bis ich das Gefühl habe, dass Mias Mama mir glaubt, und lege auf.

Da sind wir doch schon mal einen Schritt weiter. Mia ist nicht bei ihrer Mami. Dann probiere ich es jetzt mal bei uns zu Hause. Da schaltet sich nur der Anrufbeantworter ein, und jetzt weiß ich ehrlich gesagt überhaupt nicht mehr, was ich machen soll. Hoffentlich haben die Mia nicht irgendwo in ein geheimes Verlies gesteckt und pumpen sie mit Drogen voll, weil sie ihr verdammtes Gejammer nicht mehr ertragen. Jetzt liegt die Sache wirklich an mir. Zauberhaft, wirklich zauberhaft. Aber wie soll ich denn, bitte, herausfinden, wo sie Mia hingeschleppt haben?

Normalerweise sind solche Verstecke für unheilbar Kranke im Keller, um genauer zu sein im Heizungskeller. Da, wo sich kein Mensch gerne länger als zwei Sekunden aufhält. Von überall zischt und sprüht heißer Wasserdampf aus den Messingrohren. Die Luft ist feucht und heiß. Von der Decke fallen dicke, graue Kondenswassertropfen und klatschen auf meine kleine Mia, die, nur in einem knappen Höschen, auf dem schimmeligen Betonboden kauert und sich nicht rühren kann. Mit Handschellen ist sie an ein rostiges Rohr gekettet. So muss sie Stunde um Stunde ausharren. Dann kommt jemand, der ihr, wie einer bekloppten Mastgans, einen fetten Trichter in den Rachen stopft, um sie mit Medikamenten vollzupumpen. Mia ist absolut fertig. Sie hat keinen Schimmer, wie sie heißt und wer sie ist und dass man sich nicht einfach in die Hose pinkelt, auch wenn man noch so doll muss. Mia hat Durst. Ihre Zunge streckt sich gierig und trocken aus dem rosafarbenen Mündchen, leckt ohne jeglichen Ekel über das gammelige Heizungsrohr und fängt die herabfallenden Tropfen auf. Die Haare hängen ihr wild vor den Augen, ihre Haut ist unter den straffen Fesseln an den Handgelenken aufgeschürft und ihr Gesicht ist schwarz vor Dreck. Kein Ton dringt aus ihrer Kehle, kein Klagen, kein Schimpfen, kein Schreien.

Völlige Stumpfsinnigkeit hat sich über Mia gelegt, und ich weiß nicht, wie ich zu ihr gelangen kann. Niemand will mir verraten, wo die Tante ist. Solange ich das Gefühl habe, dass mir hier was vorgemacht wird und Mia von irgendwelchen Metzger-Ärzten mit Pillen vollgestopft wird, werde ich mich nicht von der Stelle rühren. Ich muss rausfinden, was hier gespielt wird. O Gott, Mia. Mein kleines Füßchen. Ich hole dich hier raus. Nach Hause. Da mache ich ein paar Fotos von dir. Ich will dich finden, und dann denken wir über einen glamourösen Neuanfang nach.

Und falls du nicht wieder auftauchst, lasse ich dein Gesicht auf Milchtüten drucken. Dann gehst du eines schönen Tages einkaufen und plötzlich glotzt du dich selber von der Milchpackung an. Und zwar benutze ich das Foto von dir, wo du in Spanien mit runtergelassener Unterhose auf dem Klo sitzt. Ich schwöre es. Am besten setze ich mich ganz unauffällig in die Cafeteria, trinke einen Kaffee und gucke mir den Laden hier erst mal genau an. Zuerst muss ich abchecken, was bei Kaffee und Kuchen geredet wird. Vielleicht kriege ich ja ein paar geheime Informationen. Vielleicht komme ich so hinter das Betriebsgeheimnis. Vielleicht knacke ich den Code. Und vielleicht kann ich dann Mimi-Mia befreien. Das wäre echt schön. »Oh, Lars, mein Sweetheart, du hast mich gerettet!« »Keine Ursache, Baby!«

In der Cafeteria ist nicht sehr viel los. Drei Schwestern schieben ihre orangenen Tabletts an den Vitrinen entlang und schaufeln sich Kartoffelsalat auf die Teller. Ich schiebe mich langsam hinter ihnen her und lausche, was geredet wird. Vielleicht verquatscht sich ja eine. Mal sehen. Die reden über eitrige Mullbinden und einen Opa, der nervt und schwerhörig ist. Die Schwestern schieben weiter, und jetzt wird nur noch über den Kartoffelsalat hergezogen. »Ganz frisch sieht der aber nicht mehr aus!« Ich nehme mir einen Becher Kaffee und pflanze mich ans Fenster. Das sind Profis. Die Schwestern halten dicht. Die wissen, was ihnen blüht, wenn sie singen. Dann werden sie direkt neben Mia ans Heizungsrohr gefesselt und müssen stillhalten, wenn ihnen Doktor Mabuse die Zehennägel rausreißt.

Meinem Charme werden sie unmöglich widerstehen können. »Hallo, ihr hübschen Honigmiezen, ihr wollt mir doch bestimmt sagen, wo meine kleine Mia versteckt gehalten wird!« »O n-n-n-nein! Das dürfen wir nicht verraten!« Ich muss es aus ihnen rausquetschen. »Los, raus mit der Sprache! Wird's bald!« »D-d-d-die ist unten im Keller!« Und locker den Gentleman markiert. »So ist's fein! Geht doch!« Schon verplappern sich die drei Schwestern. »Einfach durch die Feuerschutztür ins Treppenhaus, runter bis in den Keller und dann im Gang die letzte Tür links!« Geht doch ganz einfach. »A-a-a-aber sie behalten das doch für sich, dass wir Ihnen das Versteck verraten haben, oder?« Klar, das ist doch eine Frage der Ehre.

Jetzt aber los. Eine Zaubernuss einwerfen und die Treppen runter rasen. Ich habe eine Mission zu erfüllen, Mission Füßchen. Ich bin unbesiegbar, ich habe magische Kräfte. Hoffentlich haben sie bei meinem Täubchen noch nicht die Nummer mit den Zehennägeln gemacht. Wie sehen denn dann die Füße aus? Hier kommt Super-Goofi. Vor der Kellertür steht ein schwabbeliger Zweimeterkerl in Camouflage-Klamotten mit Patronengürtel und hält ein MG in seinen Pranken. »He, Kerlchen, das ist hier nicht Vietnam!« Der Schwachkopf sieht durch mich hindurch. Das mag ich gar nicht gern, wenn man mich ignoriert. Flink hüpfe ich wie ein freches Gummi-Männchen vor ihm auf und ab und trete ihm gegen das Schienbein. Keine Reaktion. Der Typ ist top geschult. Kein bisschen Schweiß glänzt auf seiner Stirn. »He, Fettbomber, bist du einer vom A-Team?« Reaktion immer noch null. Wo ist sein Alarmknopf? Bei jedem Menschen gibt es einen. »Deine Mutter ist eine vollgewichste Hure!« Jetzt kommt doch noch Bewegung in den Laden. So kriegt man jeden von den Typen. Fettbomber fängt an zu knurren und fletscht die Zähne.

Das ist die Chance, auf die ich gewartet habe. Flink unter seinen Beinen durchgekrochen, die Klinke runtergedrückt, in den feuchten Nebel reingerannt und nach Mia gesucht. Diese Krankenhaus-Heizungskeller sind ziemlich groß, und nirgendwo ist Mia. »Mia, mein blutendes Herzchen, wo bist du?« »Mia!« Ich laufe zwischen endlosen Rohren umher. »Mia!« »Hier! Hier, bin ich!« »Wo?« »Unter dem Boiler!« Ich folge ihrer schwachen Stimme. Wie mit feinem Sirenengesang lockt sie mich an ihr Zwangsgestade. »Hier, hier bin ich!« Tatsächlich. Da kauert mein durchgeweichtes Küken und zittert mit den Flunken. »Ich rette dich!« »Oh, bitte, beeil dich!« Mit den Zähnen flugs die Fesseln durchgebissen und Mia auf die Arme gehievt.

Nichts wie raus hier. Die Zaubernusswirkung lässt schon nach. O Gott, Fettbomber steht vor uns mit dem MG im Anschlag. Ruhig bleiben, schön ruhig bleiben. Fettbomber lacht laut und dröhnend. Diese Heizungskeller haben eine beschissene Akustik. Mia quiekt. »Super-Goofi, rette mich!« Was soll ich machen? Meine Zaubernüsse sind leider alle. Wir sind geliefert. Scheiße. Scheiße. Scheiße. Da zieht ihm eine der rumliegenden Schwestern mit letzter Kraft ein Heizungsrohr über die Rübe. Fettbomber ist ausgeschaltet. »Danke, Lady!«

Ich gucke aus der Cafeteria raus in den Garten. Ein riesiger Busch wiegt sich im Wind, und seine Äste kratzen über das Glas. Es beginnt zu dämmern. Die Vögel trällern fröhlich vor sich hin, und ich versuche, das schwarze Loch in meinem Bauch zu füllen. Aber der Kaffee plumpst ins Nichts. Hier im Krankenhaus rumzusitzen bringt mich auch nicht voran. Vielleicht sollte ich mal meinen Kumpel Sven um Hilfe bitten. Schließlich ist der Medizinstudent. Kann doch sein, dass der eine Ahnung davon hat, wo selbstmordgefährdete Tanten untertauchen. Also, los. Mission Füßchen ist noch nicht zu Ende.

13

Ich renne die Treppen hoch und keuche: »Sven, du musst mir helfen, Mia ist weg!« Breitbeinig steht er oben in der geöffneten Tür. »Geh weg!« Ich erklimme die letzte Treppenstufe. »Was?« »Geh weg!« Sven bleibt wie festgewachsen stehen und will mich nicht in seine Bude lassen. »Lass mich durch!« »Geh weg!« Kann der nicht mal was anderes sagen? »Warum denn? Sven, du musst mir helfen!« »Geh weg!« Das ist hier gerade echt nicht abendfüllend. Ich habe keine Zeit für solche Kinkerlitzchen. Ich muss Mia finden, und Sven soll mir helfen. Die Zeit drängt. Wenn morgen die Fotos fertig sein sollen, muss ich Mias Füße heute noch vor die Linse kriegen. Sven und ich sind alte Freunde, Nachbarskinder aus dem »Texas«, da kann ich ja wohl reinkommen, wenn ich will, oder? »Du bleibst draußen!« Sven macht voll einen auf Fettbomber. Richtig peinlich, so ohne MG. Was soll das? »Haste 'ne Bank ausgeraubt, und der Zaster liegt bei dir rum, oder was ist los?« Ich versuche mal, mich am Medizinstudenten vorbeizuquetschen. Sven schubst mich zurück in den Flur. »Bist du schwerhörig? Ich hab gesagt, du sollst weggehen!« »Warum denn?« »Weil Mia da ist!«

»Na, das ist doch prächtig!« Soll der Idiot das doch gleich sagen, dann hat meine Suche ein Ende. »Mia will dich nicht sehen!« »Die kann sich ja die Augen zuhalten.« »Lars, geh bitte!« Wenn ich das noch einmal höre, kriege ich einen Anfall. Ich spüre das. »Geh weg!« Da ist es wieder. Jetzt reicht's! Auf zum letzten Gefecht. Voll über Sven drüberrennen! Das geht auch ohne Zaubernuss. Schnapp! Sven klinkt sich in meinen Arm ein. Das nenne ich Reaktionsvermögen. Aber ich habe gut Schwung. Wir schießen am Klo vorbei. Ich mit Schwung und er an meinem Ärmel. Wo ist die Trine? Wo hat sie sich versteckt? Ich finde dich, mein Vögelchen.

Rein in die Küche. Da ist das Riesenviech von Svens Hund. Sieht der überhaupt noch was? Der muss doch schon uralt sein. Zum Rumspringen reicht es noch. Stürzt sich die Bestie voll auf mich drauf und wirft mich um. Na, vielen Dank, du Hundearschloch. Es wäre wirklich besser gewesen, Sven hätte den damals gleich in den Tod getrieben. Der Köter scheint echt das ewige Leben zu haben. Mein alter Kumpel Sven packt mich einfach an den Hosenbeinen und zerrt mich zurück vor die Tür. Im Hintergrund kreischt Mia rum. »Hau ab! Hau ab! Hau ab!« Auch albern, dass der sich wie der Rächer der Enterbten aufführt. Das wird mir schon wieder alles zu viel hier. Ich will doch nur schnell ein Foto von ihren blöden Füßen schießen.

Die Tür fällt ins Schloss, und das Licht geht aus. Danke, Leute. Vielen Dank. Der Boden ist glitschig und riecht nach Schmierseife. Ich taste mich vor und nehme auf der obersten Stufe Platz. Was soll ich denn jetzt machen? Nike Town hat schon geschlossen, und Drogen will ich auch keine mehr nehmen. Das bekommt meinem Magen nicht. Vielleicht sollte ich ein Bratwürstchen essen oder doch lieber unangeschnallt im Taxi rumfahren und hoffen, dass ich den ultimativen Crash erlebe. Ich könnte aber auch einfach ein Foto von mir machen. Lars im Dunkeln auf der Treppe mit rotgeblitzten Augen. Sehr atmosphärisch. Dann kann ich mich später daran erinnern, wie außerordentlich beschissen es mir zu dieser Sekunde ging.

Oder ich esse doch ein Bratwürstchen. Ein bisschen Hunger habe ich schon. Dieser verschissene Sven. Plötzlich bin ich der Bösewicht, der der Heiligen Jungfrau Mia schreckliches Leid zugefügt hat. Das haben die beiden ganz sauber hinbekommen. Gratulation. Mich würde wundern, wenn da nicht mehr dahinter steckt. Jetzt sitzen die zwei drinnen auf dem Sofa. Sven, der Langweiler, hält Mias Hand ganz fest und raunt ihr zu: »Hab keine Angst Mia, Lars kann dir nichts mehr tun! Hier bei mir bist du sicher!« Und Mia schluchzt: »O Gott, o Gott! Ich hab solche Angst. Lars ist doch so haltlos und unberechenbar. Bestimmt kommt er mit einer Pistole zurück und schießt uns alle beide tot!« Gar keine schlechte Idee. Kompliment, Mia! Recht hast du. Langsam habe ich echt Grund durchzudrehen. Immerhin hast du mir jeden Morgen deine klebrigen Finger in den Rachen gestopft und hinten an meinem roten Fleischzäpfchen rumgekitzelt. Und jetzt werde ich hier so link abserviert.

Doch nicht, weil Lotter-Lilly mal kurz bei uns geduscht hat?

Die Trulla erzählt Sven bestimmt, dass ich sie mit meiner krankhaften Art in den Selbstmord treibe. Dass ich nicht lache. Wer von uns beiden ist denn hier die Kranke? Du bist doch voll hysterisch. Das wissen doch alle. Ich bin nur ein armes Würstchen, und Würstchen können gar nicht krank machen. Nur wenn sie überfällig sind, und vielleicht bin ich überfällig. Möglicherweise hat sie Recht, und es wird höchste Zeit, dass ich mal so richtig ausraste und Amok laufe: »Das lasse ich nicht mit mir machen! Ich bin auch nur ein Mensch! Ich hab auch Gefühle!« Und dann trete ich die Tür zu Svens Wohnung ein, stürme ins Wohnzimmer und haue meinen Kopf gegen die Wand über dem Sofa, wo sie sitzen. Mia spielt verängstigtes Häschen hinter Sven, und der triumphiert. »Siehst du? Es ist gut, dass du dich von ihm getrennt hast! Lars ist psychisch einfach nicht belastbar!« Dann drückt Sven seine widerliche Ärztehand ganz leicht auf Mias Oberschenkel. Mia lächelt artig unter einem Schleier von Tränen. Tief im Herzen tut es ihr wohl doch weh, mich so zu sehen. Das spürt Svenni sofort, und darum hat er es eilig zu sagen: »Ich weiss, Mia, das tut dir jetzt alles sehr, sehr weh! Aber du kannst ihm nicht helfen! Lars ist viel zu sehr in seine Ängste und Probleme verstrickt. An so eine Psyche müssen Profis ran!« Mia nickt tapfer und glaubt Sven jedes Wort, wenn er mit dieser tollen Ärztesülzstimme auf sie einredet.

13

Währenddessen klopfe ich weiter meinen Kopf gegen die Wand und kann schon gar nicht mehr damit aufhören. Irgendwann kommen von beiden Seiten Arme angegrabbelt, die mich behutsam von der blutverschmierten Wand abziehen und mich auf eine Trage schnallen. Sven und Mia blicken wie zutiefst enttäuschte Eltern auf mich herab. Mia kämpft mit echten Tränen. »Ich kann nicht mehr!« Väterlich legt Sven seinen Arm um ihre klapprige Schulter und sabbert ihr einen Kuss auf die Stirn. »Vertrau mir, Mia, ich bin Mediziner! Das ist das einzig Richtige für Lars!« So ein Mumpiz. Da will ich ja gleich wieder von der Trage springen. »Leute, schnallt mich mal bitte los! Hier läuft was falsch! He, hallo!« Jetzt bekomme ich auch noch einen Knebel zwischen die Kiemen gestopft. So eine Frechheit. Ich bin hier das Opfer! Warum glaubt mir denn keiner? Wo bringen die mich überhaupt hin? Hallo, kann mir mal einer zuhören? Scheiße noch mal! Jetzt werde ich aber richtig sauer. Gerade als mich die verpennten Sanis aus der Tür tragen, habe ich meinen Knebel durchgenagt und kann wieder sprechen. »Arschlöcher, ihr seid alles Arschlöcher!« Mia muss bitterlich weinen und will nach meiner Hand greifen, aber Sven hält sie zurück und sagt zu ihr mit fester Stimme: »Glaub mir, Mia. So ist es am besten!« Mia ist ein bisschen beruhigt, und ich werde runter getragen. Sehr ergreifend. Was für ein Zirkus! Was für ein falsches Spiel. Im Krankenhaus stecken sie mich in eine Zwangsjacke und werfen mich in den Wäscheschacht. Ich plumpse fünf Etagen tiefer. Direkt in den Heizungskeller! Und was da los ist, wissen wir ja schon. »Hi, Schwestern! Alles klar?«

Ich muss cool bleiben, jede Handlung muss genau überlegt werden. Ich muss cool bleiben. Cool bleiben. Immer cool bleiben. Cool. Cool. Cool. Cool bleiben. Hey, vielleicht mache ich mal einen Rap, der heißt: Cool bleiben! Damit schieße ich den Vogel ab und ernte eine ganze Menge Schotter. In albernen Riesenjeans mache ich auf der Bühne rum und schreie ins Mikro: »Hey-hey-hey-hey... cool bleiben... ja-ja-ja ... cool bleiben ... cool-cool-cool... ja-ja-ja... bleiben... cool...!« Und dann gibt es noch ein beklopptes Tanzvideo dazu und einen peinlichen Starschnitt in Bravo. Gibt es überhaupt noch Starschnitte in Bravo? Keine Ahnung. Na, jedenfalls wird ein bekloppptes Tanzvideo mit halbnackten Tänzerinnen produziert. Die finden mich total geil und hampeln in ihren knappen Bustiers um mich rum, während ich so komische Hiphopper-Zeichen mache. So devil- und victorymäßig. Dann würde sich Mia nach mir zerfleischen und sich reumütig fragen: »Warum habe ich diesen coolen Typen laufen lassen?« Und wieder wird Sven seine weichen Ärztepatscher auf ihr Knie legen und gehaucht säuseln: »Weil er dich krankgemacht hat! Darum hast du ihn laufen lassen!«

Mia muss in sich gehen und ihrem Sven gestehen, dass alles ganz anders gewesen ist, dass sie mich nämlich krankgemacht hat, weil sie diesen Vaterkomplex hat.

Sven schüttelt affektiert den Kopf und sagt: »Aber nicht doch, mein Kind!« Und weil er Mia wirklich endlich mal nageln will, fassen seine Ärztehände ihre Schultern an, und er zieht sie zu sich an seine Brust. »Dann wollen wir mal zum gemütlichen Teil des Abends übergehen!« denkt er sich. Aber allmählich durchschaut Mia das ganze fiese Spiel und muss weinen und weinen und weinen, und im Hintergrund läuft mein Super Sonic-Song: »Cool-cool-cool... bleiben...«

Dann merkt Mia, dass sie nicht cool bleiben kann und scheuert Sven eine und schreit: »Lass die Finger von mir und halt endlich die Klappe, du Doofmannsau! Du willst mich doch nur bumsen! Aber daraus wird nichts! Ich habe mich schon viel zu lange von dir blenden lassen. Jetzt sehe ich wieder klar, und ich höre mein Herz schlagen. Es sagt: ICH LIEBE LARS! Ich werde meine Flügel spreizen und zu ihm fliegen. Hoffentlich ist es noch nicht zu spät!«

Tja. Und dann wird Mia zu mir rüberflattern. Schnell wie der Sausewind. Vor der Tür wird sie kauern. Ein Engelskostüm umspielt ihren mageren Mädchenleib, die goldenen Locken fallen auf ihre schmalen Schultern, die Augen glänzen tränenfeucht. Jammern und betteln wird sie. Wie die Prinzessin in König Drosselbart. »Ich arme, arme Jungfer zart, ach, hätt ich genommen den König Drosselbart...« Ja, und dann werde ich mich zur Tür bequemen, sie öffnen und Mia vor die Fresse treten. Das Leben ist doch schön! Oder?

Ich gehe jetzt, Mia. Du alte Kuh. Ade nun zur guten Nacht. Mach es dir ruhig bei dem blöden Sven gemütlich, und seid ruhig stolz auf euch, dass ihr mich so schön losgeworden seid. Ja, ihr könnt euch gratulieren. Shake hands, Partner. Ihr hängt jetzt einträchtig im Wohnzimmer rum, lächelt blöde und freut euch, dass ich weg bin. Na ja. Dann werde ich mal aufbrechen und Mario beichten, dass ich ihm nur Lillys Drecksfüße anbieten kann. Oder ich suche mir eine neue Tante und fotografiere von der die Füße. Geht ja auch.

Was ist denn jetzt los? Mir ist auf einmal so kalt, von drinnen nach draußen. Alles ist starr vor Kälte. Ich kann mich nicht bewegen. Ich bin auf Svens Scheißtreppenstufe festgefroren. Ich komme hier nicht weg. Ich bin Tiefkühlkost. Ich bin ein Fischstäbchen. Ich weiß nicht, was ich machen soll. Fischstäbchen können nichts machen. Die müssen darauf warten, dass sie gefressen werden. Mia, ich bin ein Fischstäbchen. Bitte friss mich. Erlöse mich. Schäl mich aus meiner Panade. Zieh mich aus. Beiß mich ab. Zerkau mich. Zermalm mich. Schluck mich runter. Tau mich auf. Hauch mich an!

Die Tür geht auf. Mia steht in dem Lichtkegel, der aus Svens Wohnung auf die dunklen Treppenhausdielen fällt. »Du bist ja immer noch hier!« »Darf ich deine Füße fotografieren?« Da stehen sie, die zarten Füßlein mit den kleinen Zehlein. Zwei Elfenfüße direkt von Wolke sieben. Mia in weißem Oberhemd mit nackten Beinen. »Geht auch ganz schnell!« Ich packe meine Kamera aus.

13

»Kannst du mal kurz das Licht anknipsen?« Ich stelle die Blende richtig ein. Leider muss hier mit Blitz gearbeitet werden. Das mache ich ja überhaupt nicht gerne. Aber manchmal lässt es sich eben nicht vermeiden. Ich gucke durch den Sucher. Mia stellt ihre Füße übereinander. »Lars, du bist echt krank!«

Honey zaubert eine Zigarette hervor und zündet sie an. »Seit wann rauchst du denn?« Sie beugt sich zu mir herunter und kreischt direkt in mein Ohr. »Seit ich geschnallt habe, dass du der größte Vollidiot auf der ganzen Welt bist! Du bist Abschaum. Du bist das größte Stück Scheiße, das ich kenne. Du bist kein Mensch. Du bist nichts wert. Du bist das Widerlichste, was mir in meinem Leben je begegnet ist. Und leider habe ich es erst jetzt gemerkt. Ist das nicht seltsam?«

Ich zucke mit den Schultern und weiß nicht, was ich sagen soll. Vor allen Dingen, weil man schon wieder ihre rosafarbene Kopfhaut sieht. »Es ist aus. Ich will nicht mehr!« Jetzt habe ich es begriffen. Mia will nicht mehr. Meint sie etwa mich damit? Das wäre schade. Dann wäre ich ja ganz alleine. Ich dachte ja, dass das hier alles ganz anders abläuft. Dass ich Mia finde, ein paar Fotos von ihren Füßen mache, und alle sind zufrieden. Aber die Tante steht hier im Treppenhaus rum, raucht eine Zigarette und liest mir die Leviten. Offenbar ist es Mia wirklich ernst, dass jetzt mit uns beiden Schluss ist. Blödes Ende! Was macht man denn, wenn man verlassen worden ist? Keine Ahnung. Ich wurde noch nie verlassen.

13

Am besten, man tut so, als ob es einem egal ist, und latscht ein bisschen durch die Straßen und sucht eine Würstchenbude. Schließlich muss man irgendwie das Loch stopfen, was einem durch die Trennung ins Herz gerissen worden ist.

14

Sieht ein bisschen nach Industriegebiet aus. Überall Lagerhallen und leere Parkplätze. Die ganze Nacht bin ich rumgelaufen und habe eine Würstchenbude gesucht. Jetzt ist es schon früh am Morgen, und ich habe immer noch Hunger. Und den Weg nach Hause finde ich auch nicht mehr. Niemand ist auf der Straße, den ich fragen könnte. »Hallo, ich hab mich verlaufen!« Das ist hier eine von den ganz feinen Gegenden, hier werden bestimmt fiese Deals mit den ganz großen Drogenbossen abgezogen. »Los, her mit der Kohle!« »Erst den Stoff!« Hinter der Lagerhalle links klappen die auf der Kühlerhaube ihre Koffer auf. »Willst du mich verarschen? Das ist ist nicht die Ware, die ich bestellt habe!« Ich latsche am Drahtzaun entlang und glotze zu einem geschrotteten LKW rüber. »Knallt ihn ab, Jungs!« Da klettere ich jetzt mal rüber und hocke mich in das Führerhäuschen. »He, Leute! Aufgewacht! Der Führer spricht zu euch!« Hoffentlich gibt es hier nicht so einen Parkplatzköter. »Hasso, fass! Beiß ihm die Eier ab!« Lieber schnell ins Führerhäuschen steigen. Ganz schön miefig hier drinnen. Die Hose kann ich auch wegschmeißen. Die habe ich mir schön am Drahtzaun zerfetzt. Egal. Es gibt Schlimmeres. Zum Beispiel Durst. Richtig heiß ist es hier in der Butze. Irgendwo muss ich doch noch ein Kaugummi haben. Dann stecke ich mir den eben in den Mund. Ich glaube, damit produziert man ganz von allein Speichel.

Ich bin echt erledigt von diesen Tagen und dieser Nacht. Jetzt will ich einfach eine Runde auf den krümeligen Sitzen rumhocken und durch die verschmierte Windschutzscheibe glotzen. Ich habe voll keine Kraft mehr in den Gliedern. Außerdem habe ich ein Loch im Strumpf. Das ist mir mit den Airmax noch nie passiert. Wirklich höchst seltsam. Ich dachte, in Nike Airmax bekommt man keine Löcher in die Strümpfe! Da habe ich mich wohl gründlich getäuscht. Prüfen die denn so was nicht erst mal in der Raumfahrt? Alle guten Sachen kommen doch aus der Raumfahrt. Klebstoff, Capri-Sonne und Raumanzüge. »He, Armstrong, check mal, ob man in den Airmax Löcher in die Strümpfe kriegt!« »All right. Ich mach dann mal ein paar Testschritte auf dem Mond. Dauert nicht lang. Bis gleich!« Ein kurzer Gang für einen Mann. Eine große Prüfung für die Strümpfe! »Schlechte Nachrichten, Männer! In den Airmax kriegt man Löcher in die Strümpfe!« Armstrong, du spinnst wohl! Dafür haben wir dich nicht auf den Mond geschickt. Die Schuhe heißen doch nicht umsonst Airmax. Air wie Luft. Luft wie Raumfahrt. Raumfahrt wie haltbar. Armstrong wie Arschloch. Ich muss mich da jetzt wirklich mal erkundigen.

Aber erst mal bin ich noch ein Tramp und mache ein

Nickerchen. Direkt hier im Führerhäuschen. »He Leute, Ruhe im Karton, der Führer macht ein Nickerchen!« Hübsch die Hände im Schoß gefaltet und selig eingeschlummert. Nicht einfach so im eigenen Bett einschlafen, mit Kopfkissen, Decke, Ehefrau und allem Drum und Dran. Das hat hier was von Abenteuer. Ich bin ein Tramp mit Loch im Strumpf. Einfach mal im Führerhäuschen wegpennen! Ich verabschiede mich von der Erdoberfläche.

Super! Noch mal hundert Kilometer im Traum gerannt, weil ich einen riesigen Backstein in die Schaufensterscheibe von Nike Town geschmissen und mir ein Paar Nike Airmax, Marke Holy Socks, gegrapscht habe. Selbst schuld, wenn die am Sonntag geschlossen haben! Und gleich waren die Bullen hinter mir her. »Stehenbleiben, oder wir schießen!« Durchs halbe Land haben die mich gehetzt. Die haben mir nicht mal Zeit gelassen, meine Holy Socks anzulegen. Blaulicht an und los. So eine Gemeinheit. Ich finde es doof, wenn man seine Träume nicht selbst bestimmen darf. Echt. Dann haben sie mich doch noch gekriegt, an die Wand gequetscht und fies abgeklopft.

Die Sonne steht direkt über meinem Führerhäuschen. Ganz schön heiß hier drinnen. Ein bisschen schlafen war gut, aber jetzt wird mir langweilig. Besser, ich verpiss mich, bevor mich jemand mit Blaulicht vom Platz scheucht. Ich möchte bloß mal wissen, wie ich hier wieder wegkommen soll? Weit und breit ist kein Taxistand zu sehen, geschweige denn ein Telefon. Kack und Mist. Vielleicht gibt's da drüben in der Lagerhalle einen Draht nach draußen. »Kann mich hier mal einer abholen kommen?« Ich breche einfach die Tür vom Betriebsbüro auf und mache mir ein Taxi klar. Mit der Brechstange das Ding aus den Angeln heben. Kann doch nicht so schwer sein. Bei der Gelegenheit werfe ich dann gleich noch die Fließbänder an und prüfe die Maschinen. Oder ich gucke, ob ich den Firmentresor finde, und schmeisse den aus dem Fenster. Oder ich lasse den ganzen Scheiß. Wie komme ich denn jetzt an ein Taxi, zum Donnerwetter! Langsam wird mir die Sache ein bisschen zu spacig. Das ist ja hier wie auf dem Mond. Da weiß man auch nie, ob man wieder heil nach Hause kommt. »Houston, bitte kommen! Ich habe ein Problem!«

Das war eine richtig bekloppte Idee, durch die Slums zu streunen! Wenn Mia nicht so einen Wirbel veranstaltet hätte, wäre ich gleich nach Hause gelatscht. Das habe ich alles der Tante zu verdanken. Ich war echt wütend. Da muss man sich erst mal abregen, bevor man sich in seine vier Wände begibt. Sonst fällt einem die Decke auf den Kopf. Jetzt werde ich aber gleich wieder stinksauer, wenn sich nicht sofort was an meiner Situation ändert und ich nicht schleunigst ein Taxi ordern kann. Auf keinen Fall habe ich vor, hier festzuwachsen. Mia macht es sich bei Arschloch-Sven hübsch gemütlich, und ich darf sehen, wie ich wieder vom Industriegelände runterkomme. Alles super.

14

Mario macht sich garantiert auch schon Sorgen. Wenn es mit dem Termin für die Fotos richtig eng wird, schickt er vielleicht eine Suchmannschaft auf den Weg. »Los, Kameraden. Nicht vergessen, jeden Busch abklopfen!« So lange will ich aber nicht mehr warten. Ich stinke schon ein bisschen. Ich will nach Hause und duschen. Wenn ich meine Hände auf den Bauch lege, ist da sogar eine kleine Delle, weil ich schon ewig nichts mehr gegessen habe. Echt wahr. Hoffentlich ist das nicht gefährlich. Nicht, dass ich demnächst verhungere. »Hungertod im Führerhäuschen!« Das wäre ein Scheißtod. Nicht mal meinen Personalausweis habe ich dabei, der Gerichtsmediziner wird mich anhand meiner Beißerchen identifizieren müssen. Das dauert ein bisschen, bis meine Identität geklärt ist, also werde ich erst mal in so einem Kühlfach untergebracht. Darauf kann ich echt verzichten. Das ist alles Mias schuld. Zum Glück bin ich die Tante los. Das war aber auch echt höchste Eisenbahn. Ich bin schon gespannt, wie sie Sven in den Wahnsinn treiben wird. Der Idiot! Der kann jetzt nur noch beten.

Leute, mir ist langweilig. Hier kann man nicht mal die Beine ausstrecken. Ich bin immer noch in diesem Führerhäuschen und suche nach Lösungen für meine Misere. Ein Zeichen aus dem All wäre gut! »Erdling, du hast uns gerufen?« »Ja, verdammt!« »Was ist dein Begehr?« »Ich will nach Hause!« »Dann schau doch mal unter der Sonnenblende nach. Vielleicht ist da der Zündschlüssel versteckt!« »Vielen Dank für den Tipp!« »Keine

Ursache!« Da klebt tatsächlich ein Zündschlüssel. Damit hätte ich nicht gerechnet. Ist doch fabelhaft. Wenigstens auf Marsmännchen ist Verlass! Den Zündschlüssel werde ich gleich in das Schloß stopfen und ihn rumdrehen. Und dann vollste Kanne Bleifuß. Rüber über den Parkplatz. Wo ist denn hier die Ausfahrt? Ich kann doch nicht einfach durch den Zaun brettern. Das gibt bestimmt Ärger. Ist schon schlimm genug, dass ich mir den Wagen ausleihen muss. Am besten, ich heize erst mal ums Gebäude rum. Vielleicht liegt das Tor auf der anderen Seite. Wenn nicht, suche ich mir ein paar Bretter zusammen, baue mir eine Sprungschanze und katapultiere mich auf die andere Seite. Eine ganz schön knifflige Situation. Da vorne ist das Tor. Bitte, liebes Tor, sei offen! Meldung negativ. Eine fette Eisenkette haben die um die Pfosten geschlungen und mit einem noch fetteren Vorhängeschloss versehen. Ich bin gefangen. Was mache ich denn jetzt? Ich will nach Hause. Ich will duschen. Jetzt heißt es, eine Entscheidung zu treffen. Augen zu, Vollgas und durch. Oder ich steige doch lieber aus und ziehe die Sache zu Fuß durch. Autos klauen ist einfach nicht so mein Ding.

Aber Ingrid, die hat sich mal Svens Boni-Rad unter den Nagel gerissen. Das lag mal mutterseelenallein auf dem Wendeplatz rum. Da dachte Ingrid, dass sie sich das mal kurz zu eigen machen und mit mir zur Todesbahn in den Wald heizen kann. Ingrid hat Sven sowieso gehasst, nach der Geschichte mit dem Dartpfeil. Sie wollte auch unbedingt ein Boni-Rad haben, aber ihre Mama hat es ihr verboten, weil sie Schiss hatte, dass ihrem Püppchen was zustößt. Und zur Todesbahn in den Wald durfte Ingrid schon gar nicht. »Das ist zu gefährlich!« hat ihre Mutter immer gesagt. Aber Ingrid war das jetzt egal. »Folg mir, Lars!« Die ist einfach auf Svens Rad gesprungen und hat volle Pulle in die Pedale getreten. »Folg mir, Lars!« Wie so eine echte Anführerin. Über Stock und über Stein und kopfüber den Abhang runter. Es war schon richtig dunkel, als wir zurück auf den Wendeplatz kamen. »Was ist hier denn los?« haben wir uns gefragt. »Ein spontanes Straßenfest?« Eine richtig dicke Ansammlung von Nachbarn stand um eine Polizeikarre rum. Von wegen Straßenfest. Die haben gerätselt, wo wir sind. Volle Alarmstufe. Ingrids Mutter hatte alle aus ihren Löchern getrommelt. Da haben wir noch mal Gas gegeben und sind wieder in den Wald zurückgedüst, weil Ingrid in Sorge war, dass sie ins Gefängnis kommt, wegen Svens Boni-Rad. Echt! Die ganze Nacht haben wir auf so einer Baumwurzel verbracht und überlegt, wie wir Ingrid am besten außer Landes kriegen. Das war richtig hart. So was will ich nicht noch mal erleben. Auf der Flucht sein ist absolute Scheiße.

Leute, ich lasse das mit dem LKW. Ich steige lieber aus und ziehe die Sache wirklich zu Fuß durch. Wo kommen wir denn da hin, wenn jeder, der keine Lust hat, durch die Gegend zu wandern, sich eine Karre klaut? Dann passieren solche Scheißgeschichten wie gestern im Wald. Ich bin mir sicher, auf der Geschichte werde ich noch dreissig Jahre rumkauen. So etwas zu verdauen dauert. Dieses sexbesessene Pärchen hat sich einfach Mimi-Mias Auto unter den Nagel gerissen um ein bisschen Adventuresex im Grünen zu haben. Mit Ufos haben die vielleicht nicht so real gerechnet. Und mit mir schon gar nicht. Geschieht denen ganz recht, dass ich die erschreckt habe. Hätte ich die Lage schneller geblickt, hätte ich natürlich vollen Einsatz gebracht: »Oh, zwei hilflose Menschlein im tiefen, dunklen Wald! Fein, fein, fein. Ihr habt Glück, ich bin nur ein Massenmörder, der euch die Kehlen durchbeissen will!« Denen wäre knallhart das Herz ins Tiefgeschoß gerutscht. »Wenn ihr nicht in den nächsten zwanzig Sekunden von mir gehäutet werden wollt, steckt euch mal besser auseinander und zieht Leine!« Ich wette, ich hätte die schlicht im Slalom durchs Unterholz hetzen können. Da habe ich echt zu spät geschaltet. Das passiert mir nicht noch mal. Ab heute halte ich die Augen offen.

Rüber über den Zaun und noch mal kräftig die Hose zerfetzt. Macht mir überhaupt nichts aus. Ist ja sowieso schon alles zerfetzt. Mein Herz ist zerfetzt, mein Leben ist zerfetzt, meine Strümpfe sind zerfetzt und meine beiden Hosen auch. Ist mir echt total egal. Wenn man nichts mehr hat, kann man nichts mehr verlieren. Aber man kann was finden. Da drüben neben dem Altglascontainer parkt hübsch und friedlich Mias rote Karre. Das macht Mut. Ich schätze, das ist ein Zeichen aus dem All.

14

»Hier, Lars, fahr doch am besten damit nach Hause. Den Schlüssel findest du an deinem Schlüsselbund!« Danke, Marsmännchen! Wird gemacht. Herrlich, wie sich eins zum anderen fügt. Da haben wir doch glatt wieder ein bisschen Hoffnung, was die Zukunft anbelangt.

15

Gut gemacht, Lars!« Ich kann es gar nicht fassen. Noch drei Treppenstufen, dann bin ich oben. Mir tut echt alles weh. Besonders schlimm ist es mit meinen Füßen. Der Weg vom Parkplatz bis hier hoch war kaum noch zu bewältigen. Hinten an der Ferse ist alles aufgescheuert, und ich bin echt enttäuscht von der Qualität von Nike Airmax. Die Leute auf der Straße haben blöde geglotzt, wegen meiner zerrissenen Hose und meinem durchgeschwitzten T-Shirt. Wenn die nach dem Aufstehen schon frisch geduscht sind und einen Kaffee getrunken haben, muss ich das ja nicht auch machen. Alles Spießer! Ich bin ein Tramp, der im morgendlichen Nebel in Richtung Sonnenaufgang nach Hause wandert.

Noch so ein Geduschter. Mein sackgesichtiger Nachbar kommt aus seiner Wohnung und hat sein Golftäschchen geschultert. Räucherstäbchen-Lavendel-Stinkeduft. »Na, geht's zum Golfen?« Immer schön freundlich. Man weiß ja nie, ob man nicht doch mal eine Tasse Zucker braucht. »So sieht es aus! Die Sonne scheint. Da ist es doch eine Sünde, wenn man nicht golfen geht!« In der Tat. Das finde ich auch. »Na, da wünsche ich noch einen schönen Tag! Immer rein ins Loch!« Mein Nachbar hebt die Hand zum Gruß und verschwindet die Treppen runter. »Schönen Sonntag noch!« Wollen wir jetzt Wochentage einführen? Meinetwegen. »Vielen Dank!« Ich stelle mich ans Fenster, halte die Kamera ein Stückchen von mir weg und mache noch mal zwei Fotos von mir, wie ich gerade die Sünde begehe, nicht golfen zu gehen. Das sind wahre Erinnerungsfotos. Da werde ich später draufgucken und sagen: »Das war, als ich die Sünde beging und nicht golfen gegangen bin, obwohl die Sonne so schön geschienen hat!«

Jetzt aber mal rein in die gute Stube. Mann, riecht das hier nach Mia. Da kriege ich gleich einen Haufen Flashbacks. Mia nackt im Bett, wie sie sich lüstern auf dem Laken rekelt und mich mit gebogenem Hexenzeigefinger zu sich lockt: »Komm her, Bübchen. Ich will sehen, ob du schon ordentlich zugelegt hast!« Zum Glück ist das Vergangenheit. Mia lümmelt sich jetzt bestimmt in Svens Bett rum und streckt ihm ihren weißen Hintern entgegen. »Los, Sven, besorg's mir!« Ich will nicht, dass Sven Mia in den Popo pimpert. Das macht man doch nicht, sich von mir trennen, und dann gleich mit Sven sein Möhrchen versenken. Da muss man doch ein bisschen Zeit verstreichen lassen, wenigstens so lange, bis meine Leiche abgekühlt ist.

Ich glotze rüber zu Lilly. Eigentlich wollte ich gar nicht zu Lilly rüberglotzen, ich dachte nur, mal sehen, was man sieht. Und zufällig kann man gerade Lilly sehen, wie sie in Unterwäsche durch ihre Wohnung rockt. Offenbar hat sie Musik laufen. Wie dieses durchgedrehte

Mädchen in dem Billy Idol-Video steppt sie über das Sofa, haut mit der flachen Hand gegen die Hängelampe, fummelt an ihrem Busen rum, stellt sich breitbeinig auf die beiden Sitzkissen und wirft den Kopf nach hinten. Vielleicht gewöhne ich mir das auch mal an, wie Billy Idol die Oberlippe hoch zu ziehen. O sweet sixteen … Lippe hoch! Lippe hoch! Can't do anything! Lippe hoch! Das ist doch lässig. Billy Idol zieht seine Lippe hoch und beobachtet ein sexy sechzehnjähriges Mädchen, wie es quer durchs Zimmer pflügt. Es zerreißt ihn fast, weil er in seinem Leben nichts lieber will, als das Zuckermäulchen mit seiner Wurzel knallhart ranzunehmen. Aber er weiß: »Bloß nicht! Wenn ich das tue, werde ich gelyncht! Die Leute werden mich am nächsten Baum aufknüpfen! Lieber die Griffel von dem Mädel lassen und erst mal in die Fußleiste beißen, um die Schwellung in der Karotte zurückzufahren. Und meinetwegen komplett wahnsinnig werden!«

Can't do anything! Lippe hoch! Mir geht es ganz genauso wie Billy. Can't do anything. Mein ganzes Mobiliar ist geschrottet, und meine beknackte Freundin hat mich auch noch sitzen lassen. Ich frage mich, ob das sein musste? Lilly bebt. 1000 Volt durchzucken ihren Körper. Hellwach springt sie von der Sitzgelegenheit, schält sich aus ihrem Unterhemdchen, wirft es in die Luft und tritt voll dagegen. Sehr grazil. Muss ich schon sagen, Lilly. Das machst du gut. Ich ziehe mir den roten Klappstuhl ans Fenster und stütze mein Kinn auf der Fensterbank ab. Jetzt muss ich doch mal sehen, wie das weitergeht. Lilly lehnt sich gegen die Wand, fährt mit der Hand über die Tapete und kündigt das Finale durch eine gekonnte Halbkreisdrehung an. Sie glubscht jetzt direkt in meine Richtung. Soll ich mal winken? »Huhu, Lilly. Ich schau dir zu!« Lieber nicht. Es ist viel besser, wenn Lovely nicht weiß, dass ich am Abspannen bin. Sonst fühlt sie sich noch gehemmt und verkriecht sich ganz schnell unter ihr Bett und schämt sich. Nee, immer schön under cover bleiben und Lilly weiterhampeln lassen.

Große Güte, ist die Tante krank! Das kann einem ja richtig angst machen. Wie ein Propeller rotiert sie durchs Zimmer. Total out of control. »Houston! Wir haben noch ein Problem!« Die spackt voll ab. Stützt sich an ihrem Bistrotischchen ab, biegt sich, krümmt sich, kniet sich hin, setzt sich, balanciert und richtet sich, Wirbel für Wirbel, wieder auf. Wie in einer Aerobic-Stunde. Nassgeschwitzt marschiert sie kerzengerade ins Bad und zieht die Unterhose aus. Heißes Wasser läuft in die Wanne, es dampft und Tantchen hockt sich voll rein. Bestimmt schwimmt ihr Schweiß wie Öl oben auf dem Wasser. Vielleicht sollte ich rübergehen und mitbaden. Kann doch sein, dass es ganz nett wird. Dann könnte ich mir von ihr den ganzen LKW-Schmodder vom Buckel striegeln lassen. Und wenn sie fertig ist, sage ich: »Danke! Man sieht sich!« Schön sauber über den Hof spaziert. Und Lilly sitzt in der grauen Plörre fest.

Erst mal mache ich noch ein Foto von mir. Direkt von

vorne. Dieses Mal gucke ich melancholisch. So, als wollte ich sagen: »Wie gerne säße ich jetzt mit Lilly in der Badewanne!« Natürlich könnte ich mich auch ganz billig an Mia rächen und Lilly zeigen, was man sonst noch alles in der feuchten Wanne treiben kann. Aber da fallen mir sofort wieder ihre knochigen Krähenfüße ein. Doch vielleicht muss man als Mann in gewissen Situationen über solche Fehlerhaftigkeiten hinwegsehen, muss großzügig sein und ganz einfach auch mal sagen können: »Die hässlichen Füße von der Tante ignoriere ich. Da stehen andere Körperteile und Organe im Vordergrund. Wie zum Beispiel ihre Fresse! Ha, ha!« Es tut gut, ab und zu mal ein bisschen perversere Gedanken zu haben. Dafür muss man sich nicht schämen. Viele Menschen haben perverse Gedanken.

Und wo ich gerade so schön am Träumen bin und meiner Fantasie freien Lauf lasse, passt Mario optimal ins Bild. Der kommt mit seiner Schrotterchaise auf den Hof geknattert, parkt ordnungsgemäß neben der Kellertreppe und nimmt seinen Helm von der Birne. Ich kann es nicht fassen. Er hat immer noch das gelbe Drogendealer-T-Shirt an. Langsam wird es richtig unappetitlich. Sollen sich die Leute im Club die Nase zuhalten. Das ist Geschäftsschädigung. Da muss ich meinem Bruder leider Meldung machen.

Ich gehe da heute nicht mehr runter. Ich bleibe besser den ganzen Tag oben und sehe Lovely beim Baden zu. Ich muss meiner gestressten Seele etwas Gutes tun. Lilly streckt ihre ranken Flanken aus der Wanne, zappelt ein bisschen damit über der Wasseroberfläche herum, pustet sich eine riesige Schaumkrone von der Hand und versucht, sie danach wieder einzufangen. Echt süß! Lotter-Lilly macht sich.

Mario entfernt sich von seinem eingedellten Moped und geht in die falsche Richtung. Quasimodo latscht direkt aufs Hinterhaus zu. Mir stockt der Atem. Der Penner will gar nicht in den Club. Der Penner will zu mir. Na, das ist ja mal erfreulich. Ich bin nicht da! Ich schmeiße mich auf den Boden, robbe rüber zur Wohnungstür, schließe dreimal ab und halte den Atem an. Ich bin nicht da! Lange Zeit passiert gar nichts, denn Mario muss fünf Stockwerke hochkraxeln. Ich lehne mich mit dem Rücken gegen die Tür. Vielleicht sollte ich meine .45er-Magnum laden und entsichern? Ich bin echt angespannt. Ich will nicht hören, wie Mario die Treppe hochkommt und an meiner Pforte klingelt. Ich will nicht! Niemand soll mich stören! Ich will allein sein!

Ich presse mein Ohr gegen die Tür und lausche. Nichts tut sich. Doch. Schlurfige, lahmarschige Schritte auf den Drecksstufen kommen näher. Immer im gleichen Rhythmus. Eins, zwei, drei, vier, fünf, sechs, sieben Schritte die Treppenstufen rauf. Dann eins, zwei, drei Schritte über den Treppenabsatz. Dann wieder eins, zwei, drei, vier, fünf, sechs, sieben rauf. Eins, zwei, drei, vier, fünf Schritte von der letzten Stufe bis zu meiner Tür. Mario keucht. Meine Fingernägel bohren sich in meine

Handballen, und die Nase läuft. Bloß nicht schniefen. Leise sein. Es kitzelt im Rachen. Es juckt in der Nase. Lange kann ich nicht mehr stillhalten. Es piekt im Rücken. Draußen, zwanzig Zentimeter von mir entfernt, stöhnt Mario: »Boaah, ist das anstrengend!«

Ich zucke zusammen. Über mir flippt die Glocke aus. Meine Hand tastet nach meinem Herzen. Ruhig bleiben. Durchatmen. Gleich ist alles vorbei. Nur jetzt nicht die Nerven verlieren. Es ist ja bloß Mario, der die Kontaktbögen haben will. Bestimmt verschwindet der sofort. Nur schön ruhig bleiben. »Die drei kleinen Schweinchen sind nicht zu Hause!« Mario tritt auf meinen handgeflochteten Fußabtreter. Es knirscht. Wieder stöhnt er. Dann stellt er seinen Helm auf dem Boden ab und klingelt noch einmal. Diesmal länger. Es rasselt in meinen Ohren. Ich bewege mich nicht. Ich starre einfach nur geradeaus. Direkt auf die heruntergefallenen Rahmen, die zerknickten Fotos und die verstreuten Glasscherben. Das verzeihe ich Mia nie. Einfach so meine Bilder von den Wänden zu reißen. Mia spinnt. Ich hasse Mario. Der soll endlich verschwinden. Es ist wirklich ein Desaster, was ich hier veranstalte. Unglaublich, ich benehme mich wie ein zehnjähriger Idiot.

Das letzte Mal habe ich das gemeinsam mit Ingrid gemacht, als wir keinen Bock auf Sven und seinen Hund hatten. Draußen regnet es. Die Regentropfen prasseln unablässig gegen die große, gläserne Terrassentür. Der Grill und die weißen Plastikliegestühle stehen unter dem

Vordach, und der Rasen zieht sich in einer sanften Welle giftgrün um den blauen Pool herum. Hinten am ausgestorbenen Hasengehege, liegt mein alter orangener Ball und glänzt im Regen. Die Sonne ist hinter den schweren, grauen Wolken verschwunden, und Ingrid und ich sind allein zu Hause. Wir sitzen auf dem weichen Teppich vor dem Sofa, haben unsere nackten Beine übereinander geschlagen, greifen mit den Händen in die Schüssel mit den Flips und sehen Captain Future. Gerade zerknautscht der Dicke wieder sein Gesicht mit den Patschern und nimmt eine andere Gestalt an. Das sieht echt so aus, als hätte er einen Schädel aus Knetgummi. Ingrid sagt: »Das will ich auch können!« Und schon drückt sie ihre, mit Sommersprossen übersäten Wangen mit fettigen Fingern zusammen Ihre grünen Augen blitzen. Die großen, weißen Zähne schieben sich über die feuchten Lippen. Ingrid muss lachen. Durchgekaute Flipskrümel fliegen mir ins Gesicht. Ich schreie, rubbel mein Gesicht an ihrem hellblauen T-Shirt ab und fühle ihre kleinen Brüste an meiner Stirn.

Es klingelt. Ingrid und ich zucken zusammen, setzen uns auf und wagen kaum zu atmen. Es klingelt noch einmal, und aus den Fernseher-Lautsprechern dröhnt die Abspannmelodie. Ingrid krabbelt eilig am kleinen Sofatisch vorbei zum Fernseher und schaltet ihn aus. Dabei sehe ich unter ihrem Rüschenrocksaum ihre geblümte Unterhose. Leise schleichen wir zur Tür und spähen durch die kleinen Wabenfenster nach draußen. Vor der

Tür stehen Sven und sein Hund. Sven hat einen langen gelben Regenmantel an und sich die nasse Kapuze tief ins Gesicht gezogen. Unter seinem Arm klemmt, in Plastik eingehüllt, eine LP. Sein Hund riecht uns und bellt. Sven hebt seinen gelben Arm, klopft gegen die Tür und schreit: »Ich weiß, dass ihr da seid!« Wir beißen uns auf die Lippen, und weil wir nicht wollen, dass Sven uns hört, robben wir schnell zurück ins Wohnzimmer. Wir schalten den Fernseher ohne Ton an und vergessen Sven und seinen Hund. Eins, zwei oder drei läuft. Bisschen blöd ohne Ton. Da kann man gar nicht mitraten. Plötzlich klopft es an die gläserne Terrassentür. Ingrid und ich blicken auf. Da steht Sven in seinem gelben Regenmantel. Neben ihm sein durchweichter Hund, und dahinter sieht man den grünen Rasen und den Pool.

Das Telefon klingelt, und mir wird alles entschieden zu viel. Da draußen wartet der blöde Mario darauf, dass hier drinnen jemand den Fehler begeht und den Hörer abnimmt. Ich krieche leise auf allen Vieren ins Wohnzimmer und lausche. Der Anrufbeantworter springt an. »Lars, wenn dir noch irgendwas an unserer schissigen Beziehung liegt, dann nimm sofort ab! Oder bist du wieder bei dieser bekloppten Spargeltante und rammelst sie ordentlich durch?« O Gott, es ist Mia! »Wenn das der Fall ist, brauchst du natürlich nicht zurückzurufen, und überhaupt bin ich nicht mehr lange bei Sven zu erreichen, weil ich mich nämlich entschlossen habe...!« Ich nehme den Hörer ab. Was bleibt mir anderes übrig? Sonst denkt

Mia wirklich noch, dass ich drüben bei der blöden Lilly rumhänge und bei der meinen Anker versenke. Echt, Mia ist ganz schön simpel gestrickt. »Kann ich dich gleich zurückrufen?« »Vergiss es! Entweder du sprichst jetzt mit mir, oder du sprichst nie wieder mit mir. Ich habe mich nämlich entschlossen …« Draußen klingelt Mario Sturm. »Lars, mach mal bitte auf! Ich brauche echt die Kontaktbögen, sonst kriege ich den Flyer nicht mehr fertig!« Wie kann man nur so penetrant sein? Hat der denn überhaupt keinen Respekt. »Lars, du Arschloch, hörst du mir überhaupt zu? O Gott, wie ich dich hasse! Ich hasse dich, ich hasse dich, ich hasse dich!« Hier geht jetzt einiges durcheinander. Erst mal um Mia kümmern: »Kannst du wenigstens eine Sekunde warten? Ich muss nur schnell Mario die Tür aufmachen!« »Wenn du jetzt vom Telefon weggehst und die Tür aufmachst, kannst du mich vergessen. Dann ist es endgültig aus. Arschloch! Du bist so ein Arschloch. Echt!« Hilfe, ist das alles kompliziert. Draußen macht Mario auf dem Klingelknopf einen auf Bleifinger. »Mia, warte nur eine Sekunde! Ich bin sofort wieder da. Dann können wir über alles reden!« Ich lege den Hörer zur Seite und renne zur Tür. Mario hockt auf seinem Helm. »Na, endlich!« Will Mia jetzt doch nicht Schluss machen? Wäre ja eine echt unerwartete Wendung. Mario stapft hinter mir her und setzt sich aufs Fensterbrett. »Mia, kann ich dich gleich zurückrufen? Ich muss hier nur kurz was klären!« Mit Mario im Nacken kann ich keine ernsthaften Gespräche führen.

15

Drüben steigt Lilly triefend aus der Wanne, und Mario kreischt: »Mann, Lars, da steht ’ne nackte Frau am Fenster. Los, leg auf. Mach Fotos!« Am anderen Ende legt Mia auf. »Das ist das perfekte Motiv für den Flyer!« Mario hampelt von einem Bein aufs andere und drückt mir die Kamera in die Hand. »Los mach, bevor die Tante sich anzieht. Geil. Das wird der Hammer!« Und schon drücke ich auf den Auslöser. Lilly trocknet sich am offenen Fenster ab und schielt zu uns rüber.

Jetzt ist alles aus. Und Mario ist schuld. Mein Film ist durch. Ich bin fertig. Und Mario flippt vor Freude aus. »Das wird der Knaller! Danke, Lars, danke!« Ja, ja, schon gut. Keine Ursache. Jetzt verpiss dich und lass mich in Ruhe. »Hier, nimm den Film mit. Tschau, Mario!« Du stinkst, zieh dir endlich ein frisches T-Shirt an.

Ich wähle mit zittrigen Griffeln Svens Nummer. »Kann ich bitte Mia sprechen?« »Tut mir leid, Mia will nicht mit dir reden. Die liegt drüben auf meinem Bett und zittert am ganzen Körper!« Wenn Sven die Sonne noch mal aufgehen sehen will, sollte er sich besser nicht so aufspielen. »Gib mir Mia!« »Du hast einfach jede Chance verspielt, Kollege!« Und dann stehe ich mitten im Zimmer, balle die Hand um den Hörer und schreie. Ich schreie so laut, dass sich Lilly in ihrem Badezimmer nach mir umdreht und Mario im Hof stehenbleibt und verwundert zu mir nach oben starrt. Ich schreie so laut, dass Sven auflegt und nur noch ein beschissenes Tuten zu hören ist. Jetzt reicht’s mir aber!

15

Ich haue tatsächlich meinen Kopf gegen die Wand. Und schon geht es mir besser. Erst mal tief durchatmen, und den Kopf zwischen den Schultern kreisen lassen. Jetzt bin ich ruhig. Ein perfekter Zustand, um noch mal bei Sven durchzuklingeln. Der Hörer vibriert an meinem Ohr, die Hörmuschel klopft an meinen Schädel, in der Leitung tutet es. »Ich bin's, Lars, ... « Sven legt auf. Ich drücke auf Wahlwiederholung und bleibe ruhig. Wenn Sven wieder auflegt, fahre ich dahin und stopfe ihm eine Zyankalikapsel rein. Und ich werde dafür sorgen, dass er in einem rosafarbenen, gefütterten Sarg zu Grabe getragen wird. Mit einer piefigen Nelke zwischen den Fingern und einem seligen Lächeln auf den blassen Lippen. Dann können die beiden Wichtigtuer mal sehen, was sie angerichtet haben. Jawohl. Zum Killer haben die mich gemacht. Da kommt jede Reue zu spät. »Wäre ich doch nur ans Telefon gegangen!« Wie sich das gehört, bricht Mia-Mania an seinem Grab zusammen, und kein Sven kann sie mehr trösten. Ganz allein hockt sie im feuchten Matsch. Die Trauergäste spannen ihre schwarzen Schirme auf und ziehen ihre Schleier vors Gesicht. Ich stehe ganz vorne in der ersten Reihe. »Warum heult denn die blöde Tante? Ich lebe doch!« Der Regen prasselt auf uns herab und durchweicht Mias gelbes Sommerkleid. Ein Fetzen durchsichtiger Stoff auf ihrer blassen Haut. Die zarten Finger krallen sich in die schwarze matschige Erde. Ihr Rücken bebt, und die Schulterblätter stehen wie zwei kleine Segel hervor.

15

»Honey, ich hab's für uns getan!« Alle starren auf mich und auf Mia. Der Sargdeckel senkt sich, und die Schrauben werden festgezogen. Mia, meine zarte Rose, schmeißt sich auf den schwarzen glänzenden Deckel. Die Seile spannen sich. Der Sarg schaukelt, und mit ihm schaukelt Mia. Sven und Mia fahren in die Tiefe des Universums. Oder, wie wir sagen, Mutter Erde hat sie wieder. Soll ich Tantchen am Kragen packen und wieder ans Ufer ziehen? Die liebliche Rose Mia, vom Tau bedeckt, glitzernd und duftend, aber schon längst gepflückt. Regentropfen und Blüten fallen auf die beiden herab. Erdklumpen plumpsen hinterher. Tschau, Mia. Tschau, Sven.

Sven, dieser dusselige Lackaffe, will einfach nicht den Hörer abnehmen. Bestimmt hockt er neben Mia auf der Bettkante und hält ihr die Öhrchen zu, damit sie das Gebimmel nicht hören muss. Das ist absolut unglaublich, wie der sich in fremde Angelegenheiten einmischt. Sowieso weiß ich gar nicht, was los ist. Wenn ich mich recht erinnere, und das tue ich ja wohl, habe ich der Tante gestern das Leben gerettet. Und zum Dank dafür, wird mir die Tür vor der Nase zugeschlagen. Das muss ich mir auf keinen Fall bieten lassen. Am besten, ich denke einfach nicht mehr an die ganze Scheiße. Ich vergesse das einfach und bin froh, dass ich meine Bude wieder für mich allein habe. Oder ich kämpfe. »Zieh dein Schwert, Highlander! Es kann nur einen geben!« Manchmal ist es gut, sich mit Leib und Seele für eine Geschichte einzusetzen. »En garde!« Ich rufe gleich mal bei Nike Town an und informiere die, dass man in ihren Latschen Löcher in die Strümpfe bekommt. Das ist auch so eine Sache, die man nicht einfach auf sich beruhen lassen sollte. Hoffentlich haben die ihre Mailbox angeschlossen.

16

Schock! Bei Nike Town ist eben eine Frau rangegangen. »Guten Tag, kann ich Ihnen helfen?« Ich habe gleich wieder aufgelegt. Was soll ich denn zu der sagen? »In Ihren Airmax kriegt man Löcher in die Strümpfe!« Die lacht sich doch tot. »Mit wem spreche ich da bitte?« Solche Informationen kann man nur anonym aufs Band sprechen. Am besten mit verstellter Stimme, kombiniert mit einer Bombendrohung. »Ich sprenge euch in die Luft!« Erst dann kann man sicher sein, dass die einen auch ernstnehmen. Aber so, von Mensch zu Mensch, geht das nicht. Ist doch komisch, dass bei denen am Sonntag das Büro besetzt ist. Ist das überhaupt legal? Vielleicht macht Nike Town heimlich einen Lagerverkauf, und nur eingeweihte Kunden wissen von der konspirativen Hotline. Soll ich da noch mal durchklingeln? Kann ja sein, dass ich dann endlich mal an meinen ersehnten Rabatt rankomme. Lieber nicht. Ich glaube, es ist besser, wenn ich noch eine Stunde warte, oder zwei. Sonst blickt die Tante sofort, dass ich der Blödmann bin, der eben vor lauter Schreck aufgelegt hat. Erst mal duschen.

Ehrlich gesagt, möchte ich schon wissen, was Mia mir vorhin sagen wollte. Es klang ein bisschen so, als hätte sie vor auszuwandern. Das wäre nicht gerade berauschend. Dann würde ich die Tante vielleicht nie wiedersehen. Vielleicht düst die nach Neuseeland ab oder in den Eukalyptus-Dschungel, um kleine Koalabären zu retten. »Lass mich dir helfen, mein kleines Bärchen!« Das könnte der so passen. Mich hier versauern lassen und auf der anderen Seite der Erdkugel dummen Viechern den Pelz kraulen. »Endlich habe ich meine Erfüllung gefunden!« So plappert sie einem Farmer das Ohr ab. »Endlich braucht mich jemand!«

Das macht man doch nicht. Zuerst nistet sich die Trine bei mir ein, bringt mein ganzes Leben durcheinander, verteilt überall diese pornografischen Fotografien von sich, verwüstet mein Zuhause und sucht dann, so mir nichts dir nichts, das Weite. Nicht mit mir. Da ist eine Aussprache fällig. Oder ein zartes »Lebewohl!« Immerhin waren wir ja doch ein kleines Weilchen liiert. Und Mias Füßchen sind auch ganz hübsch. Ich habe nicht mal eine Nahaufnahme von ihnen.

Überall fliegt hier noch Zeug von der Tante rum. Ihr Shampoo zum Beispiel. Was soll ich damit machen? Das muss doch geklärt werden. Bestimmt kann die das nach getaner Arbeit im Eukalyptuswald gut gebrauchen. Das ist typisch Mia. Wenn die sich was in den Kopf gesetzt hat, zieht sie das ohne Rücksicht auf Verluste durch. Genauso ist sie bei mir eingezogen. Plötzlich stand sie mit Sack und Pack vor meiner Tür und hat gesagt: »Überraschung! Ich bleibe!« Mit ihrem ganzen Müll, mit Tütchen und Hütchen hat sie sich an mir vorbeigequetscht und gestrahlt: »Freust du dich?« Honey macht einfach, was sie will.

Dem muss jetzt mal ein Riegel vorgeschoben werden. Die muss echt mal lernen, Rücksicht zu nehmen. Ich fahre sofort da hin und halte ein Schlussplädoyer. Duschen kann ich auch später noch. Das wird einen Rundumschlag vom Feinsten geben. Zuerst kommt Mia an die Reihe. Sven kommt später ran. »Mia, so geht das echt nicht!« Bei der muss ich aber aufpassen. Sonst macht sie gleich wieder einen auf sterbender Schwan. Man muss bei ihr auf alles gefasst sein. Die knallt einem voll die Vorwürfe an den Kopf oder wackelt wieder auf dem Fensterbrett rum. »Wenn du näherkommst, springe ich!« Dann lieber doch erst mal etwas sensibler mit ihr umspringen und freundlich abwarten. Mit so jemand ist echt schlecht Kirschen essen.

Ich werde ihr ein Kleidchen mitbringen, damit sie was Ordentliches zum Anziehen hat. Muss ja wirklich nicht sein, dass die sich von Sven Klamotten ausleiht. Oder? Die Sonne geht schon wieder unter.

Bei so einem Licht kann man die Stufen im Treppenhaus kaum noch erkennen. Nur jetzt nicht daneben treten. Drei, zwei, eins, unten. Was sehen meine müden Augen? Ist es eine Fatamorgana oder die Wirklichkeit? Kann es sein, dass das, was da so einträchtig mit dem hässlichen Mario in der offenen Küchentür zum Sexy Stretch steht, mein kranker Bruder ist? Volle Kanne bremsen, an die Häuserwand drücken und den Atem anhalten. Scharf nachdenken! Nur jetzt keine unüberlegte Handlung! Jeder noch so kleine Schritt könnte das Aus meiner Mia-Mission bedeuten. Cool bleiben! Hey, cool, cool, cool, hey, hey, hey, cool bleiben! Okay, am besten erst mal in die Hocke gehen und vorsichtig aus seinem Blickfeld krabbeln. Schnell hinter die Mülltonnen springen und die Luft anhalten. Ich bin echt geliefert, wenn der mich erspäht. Der packt mich doch sofort am Kragen und will wissen, warum der Flyer noch nicht fertig ist. Schätze, Quasimodo hat in der Sache nicht gerade ein gutes Wort für mich eingelegt, so easy, wie die beieinander stehen. »He, Mann, keine Panik, dein Fitzelflyer geht morgen in den Druck! Mit geilen Nacktbildchen von meiner ahnungslosen Nachbarin!« »Morgen? Bist du des Teufels? Nächsten Freitag ist schon die Performance!« Und schon wäre Karate-Tiger III angesagt. Volle Action auf drei Kanälen. Ich mache schon mal Dehnübungen, damit ich gleich voll rangehen kann. Meinem Bruder das Geschäft zu vermasseln, ist echt keine gute Idee!

Wieso haben die den eigentlich schon wieder aus dem Krankenhaus entlassen? Ich dachte, der hat auch noch eine Gehirnerschütterung und muss damit stramm liegen und auf die Ärztin warten. Anscheinend ist der wieder in Topform. Hängt da mit Mario einträchtig in der lauen Sommerabendluft rum und klopft dem Fatzke auf die gelbe Schulter. Igitt! Das kann ich echt kaum glauben. Womöglich schlägt mein Bruder Quasimodo zum Ritter, weil der ihm die Flasche über die Rübe gezogen hat. »Hiermit schlage ich dich zum Ritter! Ohne dich hätte ich nie die pralle Isabelle kennen gelernt! Ich bin dir zu ewigem Dank verpflichtet! Meine Reichtümer sind deine Reichtümer!« »Ey, lass stecken, überhaupt kein Thema, Partner!« Es ist unglaublich. Das ist die totale Schmierenkomödie. Die machen voll einen auf alte Kumpels. Erst prügeln sie sich blutig, perforieren sich die Visage, und drei Tage später setzt mein Bruder Helpless-Mario als seinen Alleinerben ein.

Ich begreife es nicht! Mal sehen, wie lange das hält. Auf keinen Fall will ich, dass mich die beiden erblicken. Ich habe noch etwas äußerst Wichtiges zu erledigen. Mia braucht ihr Lieblingskleidchen! Wir müssen noch die Schlussplädoyers halten und Sven eine reinhauen. Das ganze Auseinandersetzungs-Versöhnungs-Programm eben. Es verspricht ein spannender Abend zu werden. Die Zukunft wird neu geschrieben. Mia vermisst bestimmt schon ihr Kleidchen. Da ist es besser, wenn ich es gleich bei Sven vorbeitrage, ein bisschen reumütig tue und rumstottere: »Hallo, Mia! Ich – ich wollte dir nur dein Kleidchen bringen!« Schätze, dann kriegt Mia vor Rührung ganz rote Ohren. »Das ist so süß von dir, Lars! Ich dachte schon, ich muss bis an mein Lebensende in Svens Spießerklamotten rumlaufen!« Vielleicht kommt es sogar zu einer kleinen Annäherung zwischen Tantchen und mir. »Guck mal, Sven, Lars hat mir mein Lieblingskleid gebracht!« Und dann gibt mir Mia-Mäuschen einen zarten Kuss auf meine kühlen Lippen. Sven muss zugucken und sich losermäßig im Bad einen runterholen, weil Mia und ich jetzt wieder voll auf einer Welle schwimmen. »Ich geh mal kurz ins Bad!« Ja, Sven, geh ruhig, du Null. Du kannst dich nicht einfach mal so zwischen mich und Mia zwängen.

Hoffentlich verschwinden die Opis gleich mal im Club. Ich muss zu Honey. Ich vermisse sie nämlich ein bisschen. Nicht doll, aber eben doch ein kleines bisschen. Wahrscheinlich mehr aus Gewohnheit, weil die Tante ja sonst auch bei mir in der Bude rumgehangen hat. Als ich vorhin da oben so ganz alleine Lilly beim Abtanzen zugeschaut habe, war das ganz schön komisch, keine Panik zu haben, dass mir Tantchen gleich wieder ihre Pieksifinger zwischen die Kiemen schiebt. Vielleicht wollte Mia ja eigentlich auch immer nur lieb zu ihren Fingern sein. So nach dem Motto: »Ich biete meinem kleinen Finger einen warmen Unterschlupf in Lars' feuchter Mundhöhle!«

Hier hinter den Mülltonnen müffelt es auch schon wieder ziemlich unappetitlich. Irgendwie halte ich mich in letzter Zeit immer da auf, wo die Luft am schlechtesten ist. Das muss ich ändern. Hauptsache, mein Bruder verzieht sich mal mit Amigo Mario vom Spielfeld. Lange halte ich das hier zwischen den nachbarschaftlichen Abfällen nicht mehr aus. Außerdem ist jederzeit mit den perversen Katzen zu rechnen. Keine gute Perspektive, von denen lustmäßig abgeschleckt zu werden. Die haben so rauhe Zungen. Fast wie Kuhzungen, nur kleiner und kürzer. Da bricht mir richtig der Schweiß auf der Stirn aus.

»Hallo, Lars!« Ich glaub's nicht! Muss sich Lilly ausgerechnet jetzt aus dem Fenster lehnen? »Was machst'n da hinter den Mülltonnen?« Die blickt echt gar nichts. Schreit den ganzen Hof zusammen und lenkt alle Aufmerksamkeit auf mich. »He, alle mal her hören, Lars versteckt sich hinter den Mülltonnen. Was macht er denn da?« Das war es dann wohl mit meiner under cover-Aktion. Wirklich eine tolle Leistung, Lilly! Ich gratuliere! So wird die Tante nie ein Bond-Girl. »O sorry, James, war das jetzt topsecret? Das wusste ich leider nicht!« Na ja. Mit ihren Krepelfüßen kann die das sowieso knicken. »Hallo, Lilly!«

Dann sage ich meinem Bruder eben auch noch schnell Guten Tag. Hier läuft wieder alles planmäßig gegen mich. Da brauche ich mir überhaupt keine Sorgen zu machen, wie der Rest von meiner Mission in die Hose geht. »Warte, ich komm runter!« Tolle Idee. Klar, jetzt kommt Lilly auch noch runter. Super! Machen wir es uns doch erst mal zu viert gemütlich, kann Mario Lilly gleich das mit den Nacktfotos auf die Nase binden. »Du hast doch nichts dagegen, dass wir die geilen Aufnahmen von dir für den Flyer benutzen?« »Iwo. Ist doch super!« Ich schwöre, wenn Quasimodo auch nur ein Wort über die Abrubbel-Foto-Aktion verliert, kriege ich einen epileptischen Anfall. Dann werde ich mich vor allen Leuten auf dem Boden wälzen und danach noch einen Veitstanz vom Allerfeinsten aufführen. Mario, ich warne dich!

Als ich aus meinem Versteck gekrochen komme, glotzen mich mein Bruder und Quasimodo blöde an. Ich strecke ihnen ganz harmlos ein Peace-Zeichen entgegen. »Na, wie geht's?« Ich schüttel mal lieber Mias Kleidchen aus, damit keine vergammelte Banane dran kleben bleibt. »Na, hast'n heißen Fummel im Müll gefunden?« Mein Bruder rupft mir das gute Tuch aus den Händen und drückt es sich unter die Nase. »Mann, riecht das geil!« »Darf ich auch mal schnuppern?« Ich fasse es nicht! Jetzt leidet Mario auch schon unter Selbstüberschätzung und kuschelt einfach seine hässliche Fratze in Mias Lieblingskleid. Das geht entschieden zu weit. »Lass das, Mario!« Keine Mario-Popel an Mias Lieblingskleid. Von der Idee kann einem ja total schlecht werden. »Was is'n das für'n heißes Teil?« Das geht meinen Bruder überhaupt nichts an! »Du wirst es nicht glauben, aber diese heiße Mieze von letzter Nacht hat vor lauter Erregung ihr Kleidchen bei mir liegen lassen. Der weiße Fleck da vorne auf dem Ausschnitt ist mein geiles Sperma. Habe ich ihr da hingespritzt, als ich meinen Hammer zwischen ihren Drei-Kilo-Titten gerieben habe. Heiliger Bimbam, war die Tante heiß.«

Wenn mein Penner-Bruder glaubt, dass ich ihm hier eine perverse Sexgeschichte auftische, hat er sich geschnitten. »Ich bringe Mia ihr Kleid!« »Wieso?« »Weil sie nichts zum Anziehen hat!« »Ist die nackig ins Krankenhaus eingeliefert worden, oder wie?« Ja, stell dir mal vor, du Penner. Brauchst du gar nicht so blöde zu glotzen. »Kann ja mal passieren, wenn man kurz vorher versucht hat, sich die Pulsadern aufzuschneiden und sich aus dem Fenster zu stürzen. Außerdem ist die gar nicht mehr im Krankenhaus!« Mein Bruder hat einfach null Ahnung und null Mitgefühl. Der geht immer nur von sich aus. Dem würde so ein Schlamassel natürlich nicht passieren. Dass ich nicht lache. Der Idiot hat sich ja sogar von Schwächling Mario in die Knie zwingen lassen. Das sage ich jetzt aber nicht laut. Sonst habe ich gleich wieder eine hängen. Darauf kann ich gut verzichten.

Ich muss unbedingt einen klaren Kopf bewahren, damit das nachher mit Mia alles glatt läuft. Noch einen Fehler kann ich mir nicht leisten.

Mein Bruder grabbelt an seinen Klammerpflastern in der Stirngegend herum und lässt sein güldenes Implantat in der Abendsonne blitzen. »Mia hat echt einen Schatten. Was denkst du, Mario?« Jetzt reicht es. Die Meinung von Dirty-Mario interessiert echt niemand. Hier werden gerade sämtliche Grenzen überschritten. Mario, halt die Klappe!

Jetzt geht es los. Da hinten kommt Lilly in ihrer hässlichen cremefarbenen Hose angeeiert und winkt schon mal. »Hi, ich bin Lilly! Ich wohne da oben!« Tolle Neuigkeit, Lovely. »Hallo!« »Jetzt, wo die Tante im Krankenhaus ist, kannst du ihren Müll doch aus dem Fenster schmeißen. Kann sie aufsammeln, wenn sie wieder klar im Kopf ist!« »Welche Tante denn?« Lilly rafft überhaupt nicht, worum es geht. »Die nervige Freundin von Lars!« »Ach die!« Letzten Geburtstag hat Mia mir einen Gutschein über zwei Paar Nike Airmax geschenkt. Das hatte Stil. Da brauchte ich zweimal nicht zu bezahlen. Irgendwie okay, oder? Lilly streckt schon wieder gefährlich ihre Mini-Titten raus.

Die will einfach nicht kapieren, dass ich nichts von ihr will. »Ich muss mal los!« »Wohin gehst'n du?« Und schon beginnt wieder das beliebte Frage- und Antwort-Spiel. »Ich bringe meiner Freundin ihr Kleid!« »Bleib doch noch ein bisschen!« Die Tante ist unglaublich, absolut unmoralisch. Der ist scheinbar total egal, dass ich eine Freundin habe. Auch wenn ich nicht ganz sicher bin, ob das hundert Prozent der Wahrheit entspricht. Gleich knutscht die mich wieder ab, die schleckt sich über die Lippen. Bei mir regt sich bei solchen Porno-Ansagen überhaupt nichts.

Dafür macht Mario schon volle Pulle Stielaugen, und seine Zunge rollt sich wie ein roter Teppich über den Platz. Widerlich, wie der Lilly angeifert. Sieht der nicht, dass ihre Hose hässlich ist? »Lars hat dich fotografiert!« Der Mann hat Sinn für ein perfektes Timing. Musste ja so kommen, dass der auspackt. Der hat null Selbstkontrolle. »Ich weiß!« Wieso das jetzt? Hat die Tante die Session vorhin mitbekommen, oder was? Lilly grabbelt mir mit ihren kalten Pfoten am Ellenbogen herum und legt ihren Kopf an meine Schulter. »Darf ich die Fotos mal sehen?«

Klar, Lovely, kein Problem. Penner Mario soll sie ihr zeigen. Ich verdufte jetzt! »Los, Lars, komm mit rein und wir ziehen 'ne dicke Line auf 'm Tresen!« Da hat mein Bruder leider meinen schwachen Punkt erwischt. Eine kleine Line kann ja nicht schaden. Oder? »Nee, ich muss echt los!« Leute, heute bleibe ich mal standhaft. »Ne kleine Baby-Line, Lars. Leg ich dir sogar direkt auf der Mülltonne!« Das ist ein Angebot. »Darf ich auch was?« Na klar! Lotter-Lilly ist ganz vorne mit dabei. Ist der gestern von dem Zeug nicht schlecht geworden? »Jeder darf was ziehen!« Mein Bruder macht einen auf ganz große Geste. Kein Problem, wenn man eine Tante mit Drogendepot an der Hand hat. »Dann hole ich mal eben die Flyer-Entwürfe aus dem Keller!« Bombenidee, Dirty-Mario. Das ging aber mal schnell mit dem Filmentwickeln.

Mein Bruder, Lovely und ich bauen uns neben den Mülltonnen auf, und Quasimodo kommt mit seinen Entwürfen zurückgehechtet. »Hier sind die Bilder!« Fett oben drauf ist die Lady. Wie der liebe Gott sie schuf. Das nackte Beinchen schick auf dem Badewannenrand abgestützt und das Handtuch zwischen den Schenkeln durchgezogen. Lotter-Lilly hat es voll drauf. Mario schiebt seine Frankensteinbeißer über die Lippen und schielt erwartungsvoll in die Runde. Mein Bruder soll bloß schnell das Pulver unter die Leute bringen. Lilly starrt fassungslos auf das Material. »Wie? Wo sind denn meine Füße?« Gottlob, mein Bruder hat vier fette Lines hingelegt. »Los, Leute, gönnt euch was!« Lilly zuerst. Die ist echt von den Socken. »Warum kommen denn jetzt doch nicht meine Füße vorne drauf?« Ich halte Lilly den gerollten Schein hin, bevor die noch hysterisch wird. Damit könnte ich jetzt überhaupt nicht umgehen. »Ich dachte, meine Füße kommen vorne drauf!« Deine hässlichen Latschen kannst du auf den Mond schießen. Die kommen nirgendwo vorne drauf. Wenn, dann Mias. Die hat die schönsten Füße des Universums. Zehn nette kleine Zehen hübsch nebeneinander. Vergleich die mal mit deinen, Tantchen, dann wird dir vielleicht ein Licht aufgehen.

»Du kannst mich doch nicht einfach fotografieren, wenn ich nackt am Fenster stehe!« Und warum nicht? Du spielst doch auch blöde Babyspiele mit meinem Nachbarn. Die kann froh sein, dass ich das nicht auch noch dokumentiert habe. »Gefallen dir die Bilder nicht?« Mein Bruder hält sich die Entwürfe vor die Linse und macht einen auf Gutachter. »Also, ich finde die Fotos prima!« »Kein Wunder, bei so einer schönen Frau!« Quasimodo hat echt reife Sprüche auf Lager! Meine Herren, ab heute speicher ich ihn unter dem Namen Don Juan ab. Donny Don reisst sich jetzt die schwarze Maske von der Stirn, bohrt sich die gerollte Banknote in die Nase, rüsselt die letzte Line vom Mülltonnendeckel und zieht sich den Rotz bis in die Stirnhöhle hoch. »Jawohl, das tut gut!«

Lilly zündet sich eine Zigarette an und schüttelt hektisch ihre Birne hin und her. »Trotzdem will ich nicht, dass ihr so komische Nacktfotos von mir verbreitet!« »Warum denn nicht? Du kannst dir das doch voll leisten, so nackt vorne auf'm Flyer!« Igitt, Mario ist echt schmierig. Der hat bestimmt ein erregtes Würstchen unter seinem Don Juan-Umhang. So, wie dem seine Fresse verzogen ist, stellt er sich garantiert gerade vor, wie er Lilly mit seiner rauhen Kaninchenzunge abschlabbert. »Nee, echt nicht, Leute!« Lovely stellt sich ganz schön an. Vielleicht ist sie doch nicht so pervers, wie ich dachte. »Wir haben aber keine Zeit mehr, einen neuen Flyer zu entwerfen!« Mein Bruder legt noch mal vier Lines. Dieses Mal ein bisschen dicker und länger. Ich danke dir, Bruder. Wir brauchen Stimulanzien. Schön auch, dass uns die Nachbarn von allen Seiten bei unseren Machenschaften zusehen können. Da reicht ein Griff zum Telefon, und schon war es das mit Freiheit und lange Ausschlafen. Lilly rupft Mario den Popelschein aus der Hand und fährt sich das Zeug voll rein. »Ihr seid echt Schweine!« »Na klar, was denkst du denn?« Don Juan gibt Lilly einen Klaps auf den Arsch und zwinkert ihr casanovamäßig zu. »Was hast'n du heute noch vor, Lilly?« Mister Ladykiller schiebt sich an Lilly heran und legt ihr seinen Flunken um die Schultern! Hilfe, ist das piefig. Das kann ich mir auf keinen Fall reinziehen. »Tschüs, ich hau ab!« »Lars, du bist echt voll das Schwein! Warum hast du denn überhaupt meine Füße fotografiert, wenn du die dann doch nicht nimmst?« Soll ich jetzt endlich mit der Wahrheit ans Licht? Mir liegt's echt voll auf der Zunge. Nein. Nicht mein Stil. Ich zisch ab.

17

Mimi-Mia wird Augen machen, wenn ich mit einem Kleidchen und ihrer geklauten Karre ankomme. Ich habe Hoffnung, dass alles gut wird. Die Marsmännchen sind bei mir. Sie folgen mir mit einem Silberschweif am Firmament und halten schützend ihre grünen Händchen über mich.

Meine Füße tun richtig weh. Ich hätte ein Pflaster auf die Ferse kleben sollen. Bei jedem Schritt reibt sich die blutige Blase weiter auf. Noch zwei qualvolle Schritte, dann stehe ich neben Mias Auto. Honey, das alles tue ich nur für dich! Tür auf, einsteigen und losfahren. Oder soll ich doch lieber umdrehen und die Tante ziehen lassen? Noch ist Zeit. Wie soll die Zukunft aussehen? Nachher habe ich sie wieder bei mir rumhängen und muss mir ihre Griffel in den Rachen schieben lassen. Los, Lars, entscheide dich. Du stehst am Scheideweg deines Lebens. Welchen Pfad willst du gehen? Ganz schön schwere Frage. Ach, was soll's, jetzt bin ich schon unterwegs. Klingel ich eben mal bei Sven an und sehe, was passiert. Ist ja irgendwie auch ganz spannend.

Vielleicht ist Mimi-Mia schon auf dem Weg zum Flughafen und checkt gerade für die Koala-Insel ein. Ich muss mich echt beeilen. Die Koksclique vom Hinterhof

17

hat mich aufgehalten. Hätte Lilly nicht so blöde aus ihrem Fenster geglotzt, wäre ich zügiger losgekommen. Obwohl ich schon gerne wüsste, ob sie Dirty-Mario in den nächsten Minuten abblitzen lässt, oder ob er seine Möhre mal bei ihr reinstippen darf. Hoffentlich bleibt mein Bruder an der Sache dran. Dann kann ich später ein paar schmierige Details aus ihm rausquetschen. Mario und Lotter-Lilly. Ich male mir lieber nicht aus, wie die beiden zusammen Sex haben. Das sieht bestimmt eklig aus. Zwei knochige Gestalten mit mutierten Füßen und Frankensteinbeißern, die ekstatisch abgehen. Dirty-Mario macht voll einen auf wilder Stier und Lotter-Lilly knotet ihre dünnen Beine um Quasimodos knöchrigen Brustkorb, ihre feuchten Füße klopfen im Takt auf seinen buckligen Rücken. Widerlich. Vor lauter Ekel wäre ich jetzt fast an meinem Ziel vorbeigedüst. Hier sind wir doch schon bei Svenni vor der Tür. Einparken und aussteigen.

Leute, ich habe schwitzige Hände. Drüben, auf der anderen Straßenseite, erscheint Mia im hellerleuchteten Hauseingang. Mir wird ganz schlecht vor lauter Aufregung. Mir ist fast so, als hätte ich gleich das erste Rendezvous mit meiner Angebeteten. Da weiß man vorher auch nie, ob man später allein oder zu zweit nach Hause geht. Damals hat sich Mia darum gerissen, mit zu mir zu kommen. »Wollen wir noch ein bisschen zu dir gehen, Lars?« Sie hat immer noch Svens Hemd an. Und die Hose ist bestimmt auch von ihm. Da können die beiden ja gleich zusammen in die Kiste hüpfen, falls sie es nicht schon längst getan haben.

Ich kann ja mal schüchtern rüberwinken. Als eine Art Friedenszeichen. Svenni taucht hinter Mia auf und legt ihr den Arm um die Schultern. Nimm deine Flossen da weg, du Hampelmann! Das sind Mias Schultern! Der weicht nicht mehr von ihrer Seite. Bestimmt will der mit nach Neuseeland. »Da unten können die garantiert noch ambitionierte Mediziner wie mich gebrauchen!« Hoffentlich beißt dem im Dschungel eine giftige Schlange in den Arsch. »Aua!« Dann kann ich mir die Zyankalikapsel sparen. So eine Vergiftungsaktion ist ja doch immer ein bisschen knifflig. Nachher kommen sie mir noch auf die Schliche, und ich muss mein restliches Leben im Todestrakt verbringen.

»Henkersmahlzeit. Was wünschen Sie?« »Schokopudding, bitte!« Kriegt man dann überhaupt noch was runter? Ich glaube nicht! Man hockt schockgelähmt in so einer kleinen Kammer, starrt gegen die weißgetünchte Wand und weiß: »In fünf Minuten bin ich über den Jordan.« Vielen Dank, darauf kann ich gut verzichten. Da friste ich meine Erdenjahre viel lieber mit Mimi-Mia. Ab und zu war es ja auch mal ganz nett mit uns beiden.

Endlich haben mich die beiden Globetrotter erblickt. Mia springt erschrocken hinter Svens fetteligen Medizinerrücken und zerrt an seiner Jacke. »O Gott, Sven, ich habe solche Angst!« Meine Herren, was soll ich Mimi-Mia denn schon groß antun wollen? Ich will doch bloß ein bisschen die Lage entschärfen. Die wollen mir echt keine Chance geben. Arschloch-Sven ist sofort wieder voll in seinem Element, verschränkt fettbombermäßig die Arme vor der Brust und brüllt zu mir rüber: »Hau ab, Lars!« Der Mann wiederholt sich. Aber dieses Mal lasse ich mich nicht so einfach abservieren. Jetzt werden Nägel mit Köpfen gemacht. Das ist hier keine Sackgasse mit Wendekreis. Das hier ist eine Straße mit Blick nach vorne. Und da hinten kommt ein Taxi angefahren. Ich sollte jetzt besser auf die andere Straßenseite spurten, bevor sich die Tante ans andere Ende der Welt verpieselt. »Mia, warte! Ich muss dir was sagen!« Keine Ahnung, was ich ihr sagen muss. »Ich hab dir ein Kleidchen mitgebracht!« Eigentlich muss ich ihr gar nichts sagen.

Mia kommt langsam wieder hinter Svens Rücken hervor. Lars, dein Einsatz ist gefordert! Noch mal ganz kräftig den roten Fummel über dem Kopf rotieren lassen. »Mia, dein Kleidchen!« Honey macht einen zaghaften Schritt nach vorne. Und noch einen. Sie lächelt erleichtert. Ich sehe es ganz genau. Sie lächelt und winkt mir zu.

»Huhu, Larsi!« Wer hat das gerufen? Verdammte Scheiße! Da ist die Koksclique im Anmarsch. Mein Bruder, Mario und Lotter-Lilly kommen direkt auf mich zu. Was wollen die denn hier? »Huhu, Larsi!« Lilly stürmt mir mit weit geöffneten Armen entgegen. »Huhu, Larsi, wer kommt in meine Arme?« Guck da nicht hin, Mia! Lovely versaut mir meinen ganzen Versöhnungsakt mit Mia. Die drängt sich voll dazwischen, schlingt ihre Arme um meinen Hals und steckt mir ihre Zunge in den Mund. »Nein!« So haben wir nicht gewettet. Hau ab, Lilly! »Sei lieb, Larsi! Ich will dich doch nur küssen!« Das kann Lilly vergessen. Die schleudere ich in den Straßengraben und gebe ihr einen Tritt in die Rippen. »Aber Larsi, ich will doch nur ein bisschen knutschen!« »Schnauze, du Stück Abschaum, oder ich drück dir die Zähne am Bordstein ein!«

Auf der anderen Straßenseite vergräbt Mia ihr Gesicht in Svens Armen. »Mia, weine nicht! Es ist nicht so, wie du denkst!« Ihr kleiner Rücken bebt, geschüttelt von heftigen Weinkrämpfen, und Svens verbrecherische Ärztehand streicht über sie hin. Ich brülle rüber: »Nimm deine Pfoten da weg!« Heute lasse ich mir nichts mehr gefallen. Ich gehe da jetzt schnurstracks rüber. »Hau ab, Lars!« Das ist das einzige, was Sven einfällt, wie? »Hau ab!« Mit solchen Sprüchen kriegt der mich nicht vom Feld geräumt.

He, was ist das denn? Was zieht mich denn da so nach hinten? Rechts und links haben mich Quasimodo und mein Bruder untergehakt und schleifen mich weg. »He, ihr Idioten, lasst mich los!« »Halt den Mund, Lars!« Was ist denn jetzt los? »Wer Frauen schlägt, wird bestraft!« Wie bitte? Das war reine Notwehr. Die blöde Kuh wollte sich zwischen mich und Mia drängen. »He, lasst mich verdammt noch mal los!« »Kommt nicht in Frage, wir müssen dir leider Betonklötze an die Beine binden und dich im Fluss versenken!«

Leute, ist hier viel Verkehr auf der Straße. Das muss irre laut in Svens Wohnung sein. Kann der tagsüber überhaupt die Fenster aufmachen? Das Taxi hält neben dem trauten Pärchen am Straßenrand. »Mia!« Sven hilft meiner kleinen Freundin beim Einsteigen. Kann die nicht mal warten, bis ich drüben bin? So eine Frechheit. Ich kann doch nicht einfach über die Straße rennen. Von rechts und links kommen unentwegt Autos angedüst. »Mia, dein Kleidchen!« Sven schlägt die Beifahrertür zu. Das könnte knapp für mich werden. Nach dem silbernen Audi laufe ich los. Koste es, was es wolle. Die Tante soll sich das Kleidchen anziehen und mit nach Hause kommen. Meinetwegen auch ohne Unterhose. Ist ja auch mal ganz schön, wenn nicht jede einen Schlüpfer anhat.

Mimi-Mia und ich liegen nackt auf unserem Bett. Das Laken schlingt sich um mein rechtes Bein und legt sich in einer sanften Welle über ihre Hüfte. Das Licht der Nachttischlampe überzieht uns mit einem bronzefarbenen Schimmer. Mimi-Mia fährt mir mit ihrem Zeigefinger sacht über den Bauch und malt kleine Grundschulherzchen und Grundschulsternchen neben meinen Bauchnabel. Ich streiche ihr eine blondierte Haarsträhne aus der Stirn. Mia hat ein klasse Gesicht. Fein geschwungene Augenbrauen, eine kleine gerade Nase, schwungvoll ihre Lippen. »Küss mich, mein süßer Engel!« Ein kleiner Spucketropfen fällt auf meine Brust, als sie sich über mich beugt. Sie lächelt so warm. Da kann man ja mal ganz freundlich zurücklächeln und sagen: »Ich liebe dich, mein Engel!« Und dann wird losgeruckelt.

Der silberne Audi saust an mir vorbei. Der ist mindestens dreißig Stundenkilometer zu schnell. Den blitzen sie heute bestimmt noch.

Das Taxi setzt sich in Bewegung. Sven bleibt da. Mia winkt ihm durch das Seitenfenster zu. »Honey, warte!« Ich bin jetzt drüben. Mein verschissener Kumpel glotzt mir entgegen. »Halt's Maul, Arschloch! Keinen Ton will ich hören!« Nur noch ein paar Schritte. »Mia!« Endlich dreht sich mein Herzchen zu mir um. »Mia, bitte steig aus!« »Was willst du, Lars?« »Ich hab dir dein Kleidchen vorbeigebracht!« Svenni grabbelt mir an der Schulter rum und will mich vom Taxi wegziehen. »Lass Mia in Ruhe, die hat keinen Bock mehr auf dich!« Personen, die freiwillig Leichen sezieren, sollten in emotional anspruchsvollen Momenten lieber schweigen. »Halt dich da raus, Sven!« Langsam finde ich zu meiner alten Form zurück. »Mia, ich hab dir dein Kleidchen gebracht, und dein Auto habe ich auch wiedergefunden!« »Was?« Leute, das war der entscheidende Satz. »Du hast mein Auto wiedergefunden? Ehrlich?« »Klar!« Da mach mal ganz schnell einen Schritt zur Seite, Sven. Mimi-Mia steigt aus und nimmt mir das Kleidchen aus der Hand. »Danke!« Ich hab's doch gesagt, die Marsmännchen halten schützend ihre grünen Händchen über mich. »Wo steht die Karre?«

Der silberne Kotflügel berührt meinen Oberschenkel. Ich bin schon lange nicht mehr so durchgeschüttelt worden. Das letztemal, als ich mit Ingrid Kettenkarussell gefahren bin. Ingrid hat geschrien: »Ich muss kotzen!« Und dann hat Ingrid gekotzt. Mein Brustkorb schmettert gegen die Windschutzscheibe. Meine Füße schlackern durch die Gegend. Meine Airmax fliegen durch die Luft. »Guten Tag, Herr Autofahrer. Was glotzen Sie denn so blöd? Haben Sie noch nie einen Fußgänger überfahren?« »Lars, hörst du mich?« Wo bin ich? Jemand hat durchsichtige Plastikfolie über mich gelegt. Um mich herum fiepst und piepst es. Helles Licht strahlt mir entgegen, und irgendwer hält meine Hand. »Er hat die Augen geöffnet!« Kann mir mal bitte einer sagen, was los ist? »O Gott, ich dachte, er schafft es nicht! Wenn Sven nicht erste Hilfe geleistet hätte …!« Langsam kommen meine Reaktionen wieder. Diesen Namen will ich echt nicht mehr hören. »Lars, ich bin's, Mia!« Mia, mein Täubchen. »Ich hab was für dich!« Da baumeln sie in Honeys Hand. Meine brandneuen Nike Airmax. »Danke, du bist ein Engel!«

Diesel

Trainspotting aus weiblicher Sicht

Alexa Hennig von Lange
RELAX
Roman, 310 Seiten, gebunden, DM 25,-
Rogner & Bernhard bei Zweitausendeins

»Relax« ist ein Drogenroman, ein Flug durch ein Wochenende. Und es ist eine Liebesgeschichte: cool und komplett unmoralisch, schreiend komisch und doch wunderbar anrührend.

Alexa Hennig von Lange: Das Spice Girl unter den Jungautorinnen.
DIE WOCHENZEITUNG

Was für ein Roman! Jede Menge Tempo, speedige Dialoge und Humor, und dann noch Tiefgang. (...) Die 24-jährige Deutsche Alexa Hennig von Lange hat einen starken Erstling geschrieben, Drogenstory und Liebesgeschichte in einem und als Ganzes eine ultramoderne Parabel über Frau und Mann. »Relax«, das ist so gut wie »Trainspotting«, aber um die weibliche Sicht ergänzt. FACTS

In bester Bukowskischer Manier geht es viel und unverblümt um Sex: neben Ecstasy und Bier ein schneller Muntermacher gegen die tödliche Langeweile - notfalls mit Hilfe von Harald, dem Vibrator. Der Leser mag ob solcher Verderbtheiten bisweilen schlucken, die meiste Zeit wird er sich köstlich amüsieren: über witzige Dialoge, die schnoddrig-minimalistische Sprache, den schnellen Rhythmus der Szenen.« MAX

Selten zuvor wurde so authentisch über eine lebens- und liebeshungrige Generation geschrieben. FOCUS

Das Buch nicht offen rumliegen lassen, wenn Omi da ist.
STUTTGARTER ZEITUNG

Diese Locken! DIE ZEIT

Dieses Buch wurde gedruckt auf Recyclingpapier.
Es besteht aus 100% bedrucktem Altpapier.

Das Vorsatzpapier besteht aus 100% nichtdeinktem
Postconsumer-Abfällen, der Überzug wurde auf
100% Recyglingpapier gedruckt.

Der Karton des Einbandes ist aus 100% Altpapier.

Das Kapitalband ist aus 100% ungefärbter
und ungebleichter Baumwolle.

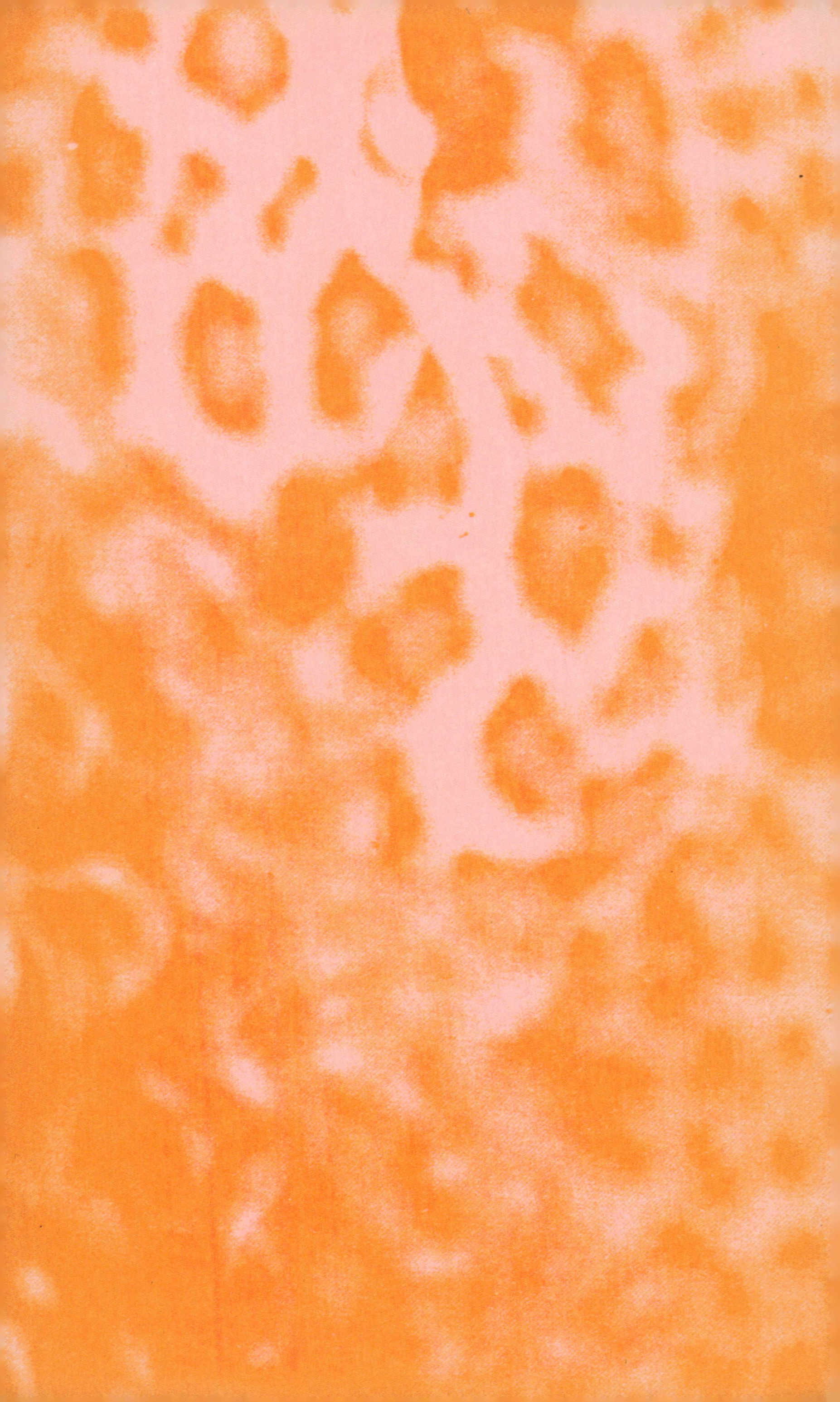